「適職」に出会う5つのルール

自分に合う仕事に
就くことで、
人生は開ける！

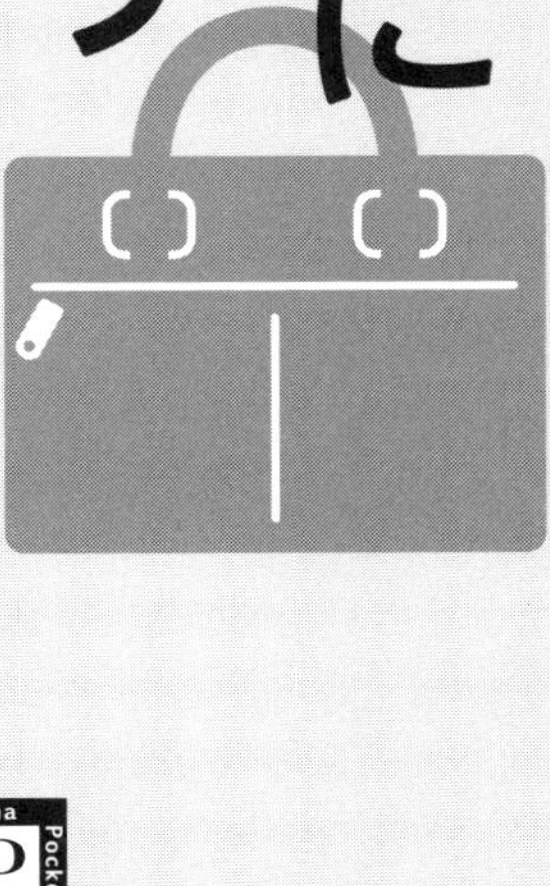

櫻井秀勲

Kizuna Pocket Edition

きずな出版

プロローグ

自分に向いていることは楽しくやれる!

どんな人でも、仕事には向き不向きがあります。

一つの道で成功した人が、ほかの道を歩いても成功したかといえば、そうとはかぎりません。フィギュアスケートの羽生結弦《はにゅうゆづる》選手が、100メートルの短距離走でオリンピックの金メダルをとれるかといえば、そんなことはないわけです。

サイバーエージェント社長の藤田《ふじた》晋《すすむ》氏やスタートトゥデイの前澤友作《まえざわゆうさく》社長が古い体質の大企業に入っていたら、課長にも届かないうちに、会社を飛び出していたかもしれません。

私自身は、大学を卒業して出版社に入社しました。まずは月刊の大衆文芸誌に配属されました。そこで、芥川賞を受賞したばかりの松本清張の担当になったところから、私の編集者生活はスタートしました。その後、創刊されたばかりの「女性自身」に転属となり、女性誌、それも週刊誌の世界に入るわけですが、それこそ昼夜を問わない、スピード勝負の仕事です。

人によっては、そんなふうな時間に追われる仕事はイヤだという人もいるでしょう。

けれども、私には合っていたようです。少なくとも、夜が遅くなることに不満を抱くことはありませんでした。

同じ編集者でも、週刊誌か月刊誌では、その働き方は異なります。雑誌と書籍では、もっと違ってきます。

私は55歳で転職しました。雑誌の編集長から、本の書き手の立場になりました。それまでは出会うことが少なかった書籍の編集者たちともつき合うようになって、自分とは違う視点や発想に、いい意味で驚き、刺激を受けました。

どちらがいい悪いの話ではありません。それぞれの仕事には、それに必要な才能、というものがあります。

●――あなたはどんな会社に入りたいですか？

才能は努力して磨いていくことができますが、磨くところを間違えていたら、それを輝かせることはできません。

適職を見つけるとは、その輝かせるべき才能を見極めることです。

結果論になるかもしれませんが、人生を振り返って満足できる人は、自分に向いた仕事、適職を早くに見つけた人、といえるでしょう。極論すれば、社会に出て1年めに適職を発見できた人は、成功したも同然です。

もちろんあとになってから、自分にぴったり合った職業に就くこともできますが、最初にいっておきたいことは、自分の能力、資質をよく考えもしないで、「会社」に入社することだけは避けなければなりません。

「いまの厳しい就職事情では、どんなところでも、まずは入社することが大事」という人がいるかもしれません。

たしかに、どんなところでもスキルは磨いていくことができます。就職しても転職するのが当たり前で、それほど「会社」にこだわる必要はない、ともいえます。けれども、だからこそ、自分にとって「才能を活かせる仕事」に就くことには意味があります。

あなたの周りや先輩にも、せっかくいい会社に入ったのに1年でやめてしまった、という人はいませんか？

そうした人たちの話を聞くと、

「自分のやりたい仕事ができなかった」

「マスコミに流されている情報と、まったく実情は違っていた」

など、原因や理由をさまざまにつけますが、それだけに「もっと選び方があったのでは？」と残念でなりません。

私はマスコミで長いあいだ働いてきましたが、その間、何万人という入社希望者の履歴書を見てきました。面接した学生・社会人の数も相当になるはずです。ここで内情を明かすなら、１００人中90人は向いていない人が志望している、という点です。

彼らはマスコミで働くことに憧れをもって応募するわけですが、自分がそれに向いているかどうかを考えない人が多いのです。

ほとんどの人は合格になりませんが、たまたま入社したとしても、本質的に向いていないため、苦痛が先に立って、結局は数年もたたずして転職してしまうことになりがちです。

あるいは謹厳実直《きんげんじっちょく》のカケラもない、ふまじめタイプが法務、警察、検察を選んだら、これもいつかやめることになるか、下手《へた》をすると懲戒解雇《ちょうかいかいこ》になるかもしれません。法学部出身だからその方面に進むといった単純な考えでは、成功する確率は、ごく低いと思わなければならないでしょう。

●どうすれば適職に出会えるか？

「自分はどんな仕事に向いているのか」
「いまの仕事は自分に向いているのか」
「このまま続けていってもいいのか」

ということを考えている人は、少なくないでしょう。

たいていの人が、なにがしかの仕事に携《たずさ》わり、人生のほとんどの時間を、それに費《つい》やしているといっても過言ではありません。その時間が不満や不安でいっぱいだとしたら、こんな不幸なことはありません。

逆にいえば、「これが自分の適職だ」と自信をもって仕事に取り組めたら、どうでしょうか。

毎日が充実したものになり、精神的にも経済的にも満たされた人生を送れるはずです。そして私は、あなたに、そんな人生を送ってもらいたいと願い、この本を書きました。

もしかしたら、私のいうことは、少し厳しいかもしれません。でも、それだけ満足のいく仕事に出会うことは、そう簡単ではないと思っています。

男性でも女性でも生涯現役で、仕事を持たなければならない時代なのです。それだけの厳しさをもって仕事と向き合わなければ、現状は変わっていかないでしょう。

いまの社会は、一人ひとりの能力に期待している時代だともいえます。

その能力を活かすためにも、適職に出会うことです。

仕事も人生も楽しいものです。

それをあなたに実感していただけたら幸いです。

櫻井秀勲

【目次】

第2のルール
自分に合う「仕事」を選ぶ

第3のルール 自分に合う「環境」を選ぶ

第4のルール 心の奥の「甘さ」を捨てる

第5のルール
「自分」を磨いて運を開く

第1のルール

自分に合う「会社」を選ぶ

適職を見つけるポイント

- □ 自分の専門性より性質を優先する
- □ 失敗しても、それを活かせる会社に入る
- □ 入社したい会社のマイナスの情報も集めてみる
- □ 条件のよさだけで就職先を選ばない
- □ 自分が優先したい「タイプ」を知る
- □ 大きな成長の次には、大きな下落が待っている
- □ 会社のランクは「自分基準」でつける
- □ 安易に採用募集に応募しない

「入れる会社」で妥協しない

あなたは、どんな会社で働きたいと思っていますか。

どんな仕事をしていきたいと思っているでしょうか。

すでに仕事に就いている人も、これから就職する人も、自分なりの志望の仕事があるはずです。でも、なかなか志望通りにはいかないところが、人生の厳しいところでしょう。

ある女性は、新卒でセールスの会社に入りました。営業に配属されましたが、入社してわずか3ヵ月で退職してしまいました。

彼女は赤面症で、私のところに来ても、こちらが話しかけなければ、いつまでも黙っているという女性で、なぜセールスの会社に就職したのか、私はどうしても理解できませんでした。

あとで聞いたら、「その会社だったら入れると思った」といっていましたが、たしかに入れても、みすみすやめるのがわかっている会社だったら、そんなところに進むのは損ではないでしょうか？

たとえば、これを結婚に置き換えて考えてみるとわかりやすいでしょう。「なんとなく結婚してくれそうな相手だったから」と思って、結婚したらどうでしょうか。

愛している相手だから、２人でやっていけるのでしょう。それが、愛以前の問題で、とりあえず結婚できそうだからと選んだ相手では、何か問題があったときに、それを乗り越えていくのはむずかしいでしょう。もともと好きではないのですから、不満だけが残ってしまって、がんばれないのです。

結局、離婚するとなれば、人生は台無しになってしまいます。

もう少しむずかしい例では、人間は基本的に「楽天家（オプティミスト）」と

「悲観家（ペシミスト）」の2種類に分かれます。

私は週刊誌の編集長を長いあいだしていましたが、楽観主義のせいか、ネタが尽きるという、恐怖感を持ったことは一度もありません。

ところが私のかつての部下で、編集長まで進んだ男は、その地位で悲観主義が出てきてしまったのです。

それまでは責任者ではなかったため、私の楽天的な性格に助けられていたのかもしれません。しかし自分の肩にズシリと責任がかぶさってきた時点で、考え込むことが多くなり、ついには精神的に仕事を続けることがつらくなって、結局、会社をやめることになりました。

この主義や性格については、あまり深く考える人もいないでしょうが、私は非常に重要だと思っています。

経理部には基本的に、楽天家、楽観主義者は不要といわれます。うっかりすると、財務や経営を甘く見て、大失敗するからです。この部には、むしろ悲観主義者が合うのです。

入社しても転職するのが当たり前のいまの時代は、とりあえず、どこでも「入れる会社」であれば、それでいいと考える人が多いかもしれませんが、そのやめ方によっては、「やめざるを得なかった自分」に対して、コンプレックスを持ってしまう可能性もあります。

会社を選ぶときには、「入れる会社」ではなく、自分の性質に合う「入りたい会社」を選ぶべきです。

自分が主体となって選択した会社であれば、同じトラブルでも、乗り越えていくことができるかもしれません。

適職を見つけるポイント

☑

自分の専門性より性質を優先する

「会社は潰《つぶ》れることもある」と覚悟する

中小企業ほど、玉石混淆《ぎょくせきこんこう》のところはありません。

入社したとたんに潰れてしまう会社があるかと思えば、超スピード出世できる企業もあります。これを見抜く目さえあれば、大企業に就職するより、はるかに面白みがあります。

ハーバード大学といえば、世界最高の大学といっていいかもしれませんが、この大学の卒業生やMBA取得者は、大企業に入るより、あえて中小企業を選ぶといいます。またその種の勉強をよくしていて、大企業の一個の歯車になるのをいさぎよしとしない高い理想を持っているのです。

中小企業のほうも、ハーバードの学生から目をつけられたということで、一挙に燃え上がるのかもしれません。

けれども、安定を望むなら、中小企業より大企業のほうが安心と思っている人は多いでしょう。

小さな会社で苦労するよりは、「寄らば大樹の陰」で大きな会社で、できるなら「努力しなくても成功する」道を歩きたいと思うのが普通でしょう。

しかし、安定成長時代はともかくとして、いまのような先行き激変時代には「努力して成功する」道を歩くのは当たり前であって、「努力しても失敗する」ことも覚悟していなければなりません。

また努力して失敗しても、それはその本人にとって、大きな勉強になります。なぜ失敗したのか、その理由や原因がわかるからです。次にその失敗を繰り返さなければ、結果として成功を収めることができるのです。

中小企業に就職するということは、その楽しみやプラスがあると思うべきでしょう。

そこで中小企業にいくときは、

❶その仕事が、これからの10年に必要になっていくか？
❷経営者をメンターとして尊敬できるか？

この2点に注目し、あとのマイナス点は一切《いっさい》無視することです。かりに雑居ビルに間借りしていて、給料は少なく、賞与も出ないという会社でも、そのマイナスは喜んで受け入れる気持ちになるぐらいでないと、大きな楽しみは持てないでしょう。

大企業のリストラは必ず下請《う》け、系列工場から始まります。現在どんなに景気がよくても、そんなことを信じてはなりません。人生の一番大切な時期、あるいは一番お金のかかる時期に、不運は襲ってくる危険性があるからです。

そういう選び方でなく、いずれ必要になる製品をつくって売っている中小企業であるならば、経営者の考え方も前向きです。
かつてのソニーの前身、東京通信工業がまったくそのタイプの会社でしたし、学習研究社もそば屋の土間を借りてのスタートでした。そういう小さな会社を見つける努力をしてみようではありませんか。

適職を見つけるポイント

☑ 失敗しても、それを活かせる会社に入る

ワンマンな社長、役員のいる会社は要注意

ワンマン社長のいる企業を選ぶかどうかは、じっくり慎重に考えましょう。その社長がオーナーの場合は仕方ありません。よくも悪くも、それがその社の特徴ですから。

入社を希望したからには、そのワンマン性に従わなければなりません。それをあとになって、グズグズいうようでは、自分の観察能力のなさを認めるようなものです。

問題はオーナーでないワンマン社長が、その地位に長く留まっているケースです。この場合は、裏に何か隠されている危険性もあるのです。粉飾《ふんしょく》決算を隠しているとか、売り上げをごまかしているとか。

経済誌、財界誌のような雑誌を読んでみるのも、情報収集の一つの方法でしょう。できればむしろ小さな経営評論誌に目をつけて、最低1年間は読みつづけてみましょう。そこには、ワンマン社長の裏側というものがレポートされた記事があるはずです。

そのワンマン社長のことを知る、というより、「そういうこともあるのだ」と知ることが大事です。

ワンマン社長が退陣したあとは、たいていは相当ガタが来ます。

かつての名門百貨店そごうは、ワンマン社長の乱脈経営によって、経営破綻に陥ってしまったほどです。ソニーにしても、ワンマン社長がいましたが、やはり彼の退陣以後に苦戦が続くことになりました。

ワンマン社長の恐ろしさは、予想以上に社員を苦境に落とし入れます。

極論するならば、非オーナー企業で2期4年以上、一人の社長がつとめつづけている会社は、なぜそうなのかを、ＯＢに質問したほうがいいでしょう。

せっかく入社した会社が、あっという間にトラブルで新聞やテレビの話題になって、あなた自身、嫌気《いやけ》がさしてしまっては大損です。そういう危険性のある会社は、たくさんあるのではありませんか?

一般に配布されている会社案内や会計資料は、数字を基礎にしたものであり、近い将来の変化というものについては書いてありません。

しかし、会社は生きものです。会社説明会での数字は昨日までのデータであって、今後の指標にはなり得ないのです。

もちろんそれを知って入社する覚悟なら、それは一つの見識ですが、いい資料だけを抱えて入社したら、とたんにガタガタになった、というのでは落胆も大きいでしょう。その会社のマイナス面も知ったうえで、自分はここで何をするのかがわかれば、「こんなはずじゃなかった」と嘆《なげ》くことはありません。

適職を見つけるポイント

☑

入社したい会社のマイナスの情報も集めてみる

お金に強い人は外資系企業に向いている

外資系は収入がいい、という理由から、そちらに行きたがる人がいます。それで英語を勉強する人は多いでしょう。しかし英語ができるからといって、外資企業が適職かといえば、それではあまりにも短絡的です。

一つの考えでは、銀行員は外資系に向いている、という説があります。それは一体なぜなのか？

銀行員は、いつ何時、勤務異動を命じられるかわかりません。そのため、机のなかは常に整理しておかなければならないものです。

ときには異動時に、机のなかは「そのままで」と命じられることもあるほどです。顧客との不正な関係をつくらせないためですが、この冷たさは外資系とそっくりです。

「明日からは出社に及ばず」というメール一本でクビになった、という外資系社員も大勢いるようです。この種の座談会が、雑誌でよく開かれるところを見ると、常識化しているのかもしれません。

この冷酷さ（企業側にとっては通常のこと）に対抗するには、どこへ移っても食べていけるだけの実力をたくわえておかなければならないでしょう。

また外資系に合う人は――

□ 階段を上るのが嫌いで、エスカレーター、エレベーターを使うのが好き
□ お金があればぜいたくをするが、なければラーメンでもすませられる
□ ふだんから、いわゆる出世物語は読まない
□ 勉強だけは欠かさない
□ 実質本位の生活タイプで、金銭感覚が鋭《するど》い

□　同じ年齢の人と比べると、考えるお金の単位が1ケタも2ケタも違う

□　住まいだけは、常に高級である

こういった生活信条を持っているようです。

面白いことに「汚い部屋に住む人は一生ビンボー生活を送る」という話があります。貧しい自分の環境から脱出しようと試みない人間は、その貧しさにだらしなく慣れてしまうのです。

念のために解説すれば、山登りが好き、階段を1段ずつ上るというタイプは、出世を遠い先に置いて、誠実に一歩一歩上がろうとする人です。この考えでは外資系に就職するのは無理です。

また外資系は「常時安定」ではなく、ときに不安定になるので、食に興味を持つわけにはいきません。また外国人の多くは、味覚オンチであることも、知っておくべきでしょう。

さらに、いわゆる出世物語など、ほとんど興味を持たない性格です。興味はお金であり、そのお金と自分自身をいかに結びつけるかが、最重要テーマなのです。だから金銭感覚も鋭く、若いときから貯金もしっかりしています。

外資系に合う人は、部屋を重要視します。東京であれば都心に住宅を買う人も多く、どこに住んだら仕事に便利か、快適か、またステータスを上げられるか、ということを考えます。

そういった生活スタイルを持たない人は、もともと外資に向かないと思ったほうがいいでしょう。これは一部の最先端ＩＴ企業にもつながる考え方です。なぜなら彼らは外資系と仕事上で協力関係にあるからです。

適職を見つけるポイント

☑ 条件のよさだけで就職先を選ばない

自分のタイプに合う働き方を優先する

人間は仕事をするうえで、いくつかの目標を持つものです。

❶家族主義タイプ――出世よりも、安定した生活を優先したい
❷出世主義タイプ――やるからには最上の地位まで出世したい
❸独立起業タイプ――起業家をめざして、40代までに勝負をかけたい
❹現実主義タイプ――転職を恐れず、立場よりも大金をつかみたい
❺一匹狼タイプ――好きなことをして、楽しみながら働きたい

私は❷から❺に移った人間ですが、なにも一つの目標を持つだけでなく、目的

目標を途中で変える人も、少なくありません。

このように分類してみると、自分がどのコースをたどりたいか、わかるのではありませんか？

かりにカタカナ、横文字企業を「若い企業」と考えると、❶家族主義タイプと❷出世主義タイプは、その種の企業に入っては損です。

どちらのタイプも、中企業から大企業の社員が多く、またそうでなければ叶《かな》わない目標です。

そうなると、必然的に❶❷以外の目標を持った人に向いています。

さらに横文字企業を「外資系企業」と考えると、❸独立起業タイプと❹現実主義タイプ以外、向いている人はいません。

外資系でトップに昇りつめることは、基本的に不可能です。そうしたいのなら、一旦、外資の本拠に就職し、認められて日本のトップに座る、という道を歩くほうが正解でしょう。

現実主義タイプの人は、自己採点を正しくできる人が成功します。会社が正しく評価してくれなければ、やめて他社に移ればいいのです。目標は収入ですから、金額的に折り合わなければ、平気で転職する自信がなければなりません。

実は外資系は鋭い目を持っていて、他業種であろうとも、優秀な人材にはヘッドハンティングがやってきます。欲しいとなったら、年俸5億でも10億でも出しますから、大金を握るつもりなら、一番の近道でしょう。

またそのためには、最近はあまり流行《はや》らないようですが、それでも、アメリカのトップ10の大学院で、MBAを取得する道もあります。性格からいえば、常に新しい仕事にチャレンジすることが好きな人が多いでしょう。

❺の一匹狼タイプは、会社に縛《しば》られることなく、自分のやりたいことを尊重して生きていく人です。独立起業タイプとも似ていますが、自分で会社を起こして、その会社を大きくしたいというようなことには、あまり興味がありません。

結果として、そうなることはあっても、基本的には自分のやりたいことを優先します。

最近では、40代で大きな成功を果たして大金をつかみ、ビジネスの世界から離れてしまう、という生き方を選択する人も増えています。

そうなるには、短期の成功を何度も繰り返す必要があります。このタイプは、いってしまえば若くして一生分の仕事を仕上げるようなものですから、人よりも早くリタイアするのは当然といえば当然です。別のいい方をすれば、才能を早く使いきってしまうのです。もちろん、それが悪いわけではありません。

あなたがこの人生で大切にしたいものは何でしょうか。

家族か出世か、または成功、お金、自分の趣味や専門性——自分の本音の声を聞けば、「入りたい会社」も自《おの》ずと見えてくるのではないでしょうか。

適職を見つけるポイント

☑

自分が優先したい「タイプ」を知る

人気企業の寿命は短い

私は、人気企業はミスコンテストで選ばれた美人と同じだ、と思っています。

美人は大勢の人から注目される存在ですが、果たして結婚していい妻になれるかどうかは、また別の基準があるでしょう。

人気企業も外見はいいようですが、「就職してよかった」と思えるかどうかは、入ってみないとわからないところがあります。

どんな人気企業も成長のピークのあとは、必ず、その魅力が薄まっていきます。

それに対して、就職する側は、できれば長期間その会社で働きたいと思っています。ここにギャップが出てきます。

たとえばマイナビによると、平成22年度（２０１０）の文系総合ランキングトップ10には、ＪＴＢグループを1位に、以下、資生堂、ＡＮＡ、三菱東京ＵＦＪ銀行、ＪＡＬ、ベネッセ、オリエンタルランド、ＪＲ東日本、三井住友銀行……と並んでいました。いずれも錚々《そうそう》たる大企業で、人気があるのもわかります。

しかし、その8年後の今年の調査では、トップ10に留まっていない企業があるのがわかります。資生堂、ベネッセ、オリエンタルランド、ＪＲ東日本は10位以下となっています。

かつては電通とフジテレビは常に人気最上位グループにランクされていましたが、近頃の電通はブラック企業大賞２０１６に選ばれたほど評判が落ちています。またフジテレビは視聴率で苦しんでいます。

これらは一例にすぎませんが、私の経験からいうと、企業の選び方は5年、10年、15年という、5年刻《きざ》みで徐々に成長していく企業に入った人が、もっとも幸せだったような気がします。

企業発展のスピードは、これより遅くてもダメ、速すぎてもダメです。

なぜなら遅すぎては、自分の在職中にメリットが生まれませんし、速すぎても今度は、自分がやめる頃に衰退して、退職金も満足にもらえなかったり、子会社に天下って数年間ラクな仕事をしていられるという、おいしい生活が失われるからです。

現在、人気の高い企業は、これから衰退することは明らかです。

極論するならば入社して自社株を持たせられても、やめる頃には大きく目減りしているかもしれません。

バブル崩壊のときには、その後、ほとんどの企業が大きく株価を下げたため、その時期の退職者は最悪となったのですが、そうしたことが起こり得る怖さも知っておきましょう。

適職を見つけるポイント

☑

大きな成長の次には、大きな下落が待っている

志望以外の部署なら断る勇気を持つ

どんなに素敵に見える家でも、裏にまわればゴミ箱もあれば、汚れものも積まれています。テレビに映される豪邸でも、カメラがまわる前の何時間は、スタッフを総動員して、不必要なものを隣室に運んでいるから、あれだけきれいに見えているのです。

人気企業、有名企業に入ったら、かっこいい仕事、やりがいのある仕事ができる、と思うようでは単純すぎます。

どんな会社でも、華やかな部署は2割、地味で単純な仕事が5割、苦しい仕事や部署が3割、と覚えておくことです。

刑事もののテレビドラマを見て、警視庁に入りたいと思う学生も少なくないようですが、本庁の花形刑事になれる確率は、ごくごくわずかと考えなければなりません。よしんば望むような部署に配属されても、ドラマには出てこないような、地を這うような地道な仕事ばかりという毎日でしょう。

新卒の入社試験では、配属される部署が決まっていないことがほとんどです。そのため多くの受験者は、夢を見てしまうのです。かりに１００人入ったとしても、自分だけはその１００人のうちの10人に選ばれて、素敵な職場に配属されるような錯覚《さっかく》を持つものです。

出版社の入社試験でも、

「あなたはファッション誌の志望ですが、会社には総務もあれば、営業もあります。そちらに行けといわれたら、どうしますか？」

というような質問は、必ずといってよいほど投げられます。

他の業種でも同じような念押しが、面接委員から出るはずです。

これに対して、

「もちろん行かせていただきます。御社に入社するのが希望ですから」

こう答える受験者が、ほぼ全員に近いでしょう。

受験者は、「これは会社側の脅《おど》かしで、そちらに行かせられることはない」と、心のなかで思っているからです。

ところが入社早々、思いがけない部署や支店に配属されて、そこで初めて現実を知ることになります。なかには、それだけで動揺してしまい、入社したその日から「会社をやめたい」と考えるようになる人もいるでしょう。

ここで私なりの就活「虎の巻」を公開すれば、応募する会社は、自分なりに次の3つのランクをつけておくことです。

【Aランク】どんな部署や待遇でも、その会社に入社できればいい

【Bランク】志望の部署以外だったら断る

【Cランク】志望の部署だったら、正社員でなくても喜んで承知する

ともかく「その企業に入るのが目的」であれば、どんな条件を提示されても、そこで考え込むことはないでしょう。相手は、あなたの小さな動作や目の動きも見逃しません。それこそトイレ掃除だってやる、遠隔地の支店でもいく、そんな気概を見せれば、その熱意は感じてくれるものです。

これに対しBランク、Cランクの会社であれば、志望の部署以外をほのめかされたら「断る」勇気も大切です。なぜなら、万が一、気に染まない部署に行かされてからやめるようでは、人生のつまずきになりかねないのです。

そのためには志望企業を10社にしぼったときに、Aランク、Bランク、Cランクと、順位をつけておけば、迷うことはなくなってきます。

このときに大切なのは、そのランクを決めるのは、あくまでも自分であることです。

会社の規模や報酬の高さだけでなく、自分にとっての「大切なこと」を優先して、ランク付けすることです。

これは新卒の就活生にかぎりません。

中途採用の場合、とくに中小企業の場合には、応募時には細かな待遇や条件が明示されていないことが多いでしょう。

採用が決まってから提示されるわけですが、そのときにも自分のなかで「ランク付け」を決めておくと、ぶれることがありません。

面接時に確認するのは勇気のいることですが、もしも面接側があなたを落とすのは惜しいと思ったら、あなたの勇気を買ってくれるでしょう。

さらに、「契約社員からでもいいですから、私を使ってみてください」と、訴えるのも一法です。採用側はそういう熱意を、ことのほか喜ぶからです。

適職を見つけるポイント

☑ 会社のランクは「自分基準」でつける

企業の思惑に操《あやつ》られてはならない

どういうわけか、学校選びのときは、あまり高望みしなかったのに、就職と結婚になると、急に高望みする人が多いようです。

この理由は、次の5つの考えが一人ひとりにあるからではないでしょうか？

❶「初めて偏差値から逃れて、自由競争となる」
❷「教師や親による選択ではなく、自分の好みで選ぶことができる」
❸「もしかすると、個性で相性が合うかもしれない」
❹「人生がほとんど決まる場面だけに、できるだけ高望みしておきたい」
❺「万が一が起こる可能性もある」

この考え方には、2つの誤りがあります。一つは就職にしても結婚にしても、高望みしたところで、あなたに適していないことがあるからであり、二つには、所詮、似合わない人は捨てられる運命だからです。

就職ではわかりにくいかもしれないので、恋愛、結婚で考えてみましょう。普通のサラリーマンが美人で富裕階層の娘に憧れても、レベルが合わないと、よしんば結婚できても、たちまち別れることになりかねません。また女性がエリートの高給取りで、男が三流を歩いてきたら、結局は、捨てられる運命になるのです。これは女性の場合でも同じです。

就職でも同じで、自分の置かれている位置をはっきり認識していないと、高望みばかりしているうちに、エネルギーを使い果たしてしまいます。

さらに高望みの悪いところは、そうこうしているうちに、小さい会社に入る気にならなくなってしまう点です。

とくに近頃の傾向としてまずいのは、ネットで採用試験を公募するため、誰でも簡単に履歴書を送信することができる点です。

ネット公募が増えた理由の一つに、採用側の企業が宣伝に使えるということがあります。

たとえば「うちに３０００名の応募があった！」という話は、その企業のランクを示す数字になり得ます。もしもこれが出版社であれば、志望者は、とりあえずその社の出版物を買うかもしれません。労せずして売れるわけです。

私の知っている例では、１人の採用に７０００名の応募があった人気企業があります。この数字を聞いて、あなたはここに入れると思いますか？

普通は思えないでしょう。また採用側の会社も、たった１人のために、７０００人の応募者が必要でしょうか？ 絶対、必要ないのです。

私にいわせれば、これは会社の傲慢《ごうまん》です。いや、無料で宣伝、販売している点でも、許されないことだと思うのです。

そんな人気企業、人気業種に操られてはなりません。

7000分の1の確率のために、一喜一憂したらバカバカしいでしょう。第一、1人しか採用しなければ、二流大学以下の学生を選ぶはずはないではありませんか。まずは一番わかりやすい情報で振り分けることを思えば、学校のランクくらいでしか、それができないからです。

高校、大学受験までは、教師が確率5分の1くらいまで、つまり5倍以内の競争率の学校を選んでくれているので、多くの人は、自分に合った学校に入ることができたのです。

しかし就職はそうではありません。原則的に自由応募です。そのために、50社も受けるというエネルギーを費やすことになるのですが、無駄なエネルギーを使ったら、運も使い果たしてしまうでしょう。

適職を見つけるポイント

☑ 安易に採用募集に応募しない

第2のルール

自分に合う「仕事」を選ぶ

適職を見つけるポイント

- □ 仕事にはダーティな面もあることを知る
- □ 子どもの頃の「好きなもののリスト」をつくる
- □ 夢中になれることを追求する
- □ 自分の生活習慣に合う働き方を選ぶ
- □ 能力不足は体験と体質で補う
- □ 声の大きい人は社外業務が向いている
- □ 会社や仲間の足を引っ張る存在にならない
- □ 足か手か、あるいは口か、達者な部分を伸ばす

その仕事を情報だけで知った気にならない

「適職はない、天職があるだけだ」という人もいます。

たしかに「希望の職種」といっても「収入がいい」「時代にぴったりだ」「超有名企業の仕事だから」といった理由が大きくて、「自分でなければできない」というものではないようです。

ときには、「朝早く起きる習慣に合っている」とか「大学の専攻テーマの仕事だ」という理由で適職、と判断する人もいることでしょう。

私のように出版社にいると、「書くのが大好きなので、ぴったりだと思いました」という多くの応募者に出会います。このとき「出版社は書くことだけが仕事ではないよ」というと、ほとんどの受験者はびっくりします。

いまの出版社は分業が進んでいるので、文章が書けなくても、りっぱに編集者がつとまりますが、こういう誤解、錯覚によって職業を判断している人は、相当多いと思われます。

そこで念のため受験するときは、その分野の専門誌や業界紙を、1年ぐらい前から読んでおくことです。受験用の本は、意外に古いことを書いています。その理由は、基本を書こうとするからで「そもそも造船業界とは……」といった、あまり役に立たないことが述べられています。

それはその業界の代表例を、業界全体に当てはめるからでしょう。これは「針小棒大」とも違い、「正しいが、現実とは違う」ということです。恐らくどの業界でも、似たようなものだと思います。

それらを読んで、適職か否かを判断してしまうから、入社して以後に「どうも違う」と、不満をもらすようになるのです。

もしあなたが「この仕事は天が自分に与えたものだ」と思ったら、もっともっと、その業界のすべてを知りつくすくらい、努力をすべきだと思うのです。

できれば、その業界のダーティな部分を見て、あなたの神経がそれに耐え得るかを考えたほうがいいでしょう。

極論するならば、どの業界でも、ダーティな仕事は「善良な人々を騙《だま》す」というものです。

生命保険でいえば、「お客が不利になるようなところを説明せずに、保険に入らせる」ことができるか？　ということです。これは新人社員として、最初に通らなければならない関門です。

建築、不動産関係なら、大して傷《いた》んでいないのに、「あと数年しか保ちません」といいきれるか？「駅から10分の距離を5分」といいきる神経になれるか？　というものですが、ほとんどの学生は「自分が選んだ会社は、そんな悪い職場ではない」と、楽観視しています。

これらはほんの一部のケースですが、良心を抑え込まなければやっていけない、ということも、ないとはいえないのが社会の現実です。

それでも、最低限の良心を失わなければやっていけるものですが、なかには「やっぱり違う」と思う人も出てくるでしょう。

しかし天職は、失敗するうちに見つかることもあるので、失敗をプラスに転じることです。

そして、それは「これが適職だ」と思える仕事に出会う道にもつながる、と私は思います。

適職を見つけるポイント

☑

仕事にはダーティな面もあることを知る

子ども時代の関心が適職につながる

小さい女の子に「将来の夢」を聞くと、いつの時代でも、制服に強い関心を持っているのがわかります。

なかでも客室乗務員と看護師は定番ですが、近頃では制服というより、かわいい服のレストランや花屋、美容院などで働く女性たちも憧れになっています。

女子中学生ではパティシエも人気になってきました。また自分たちと同世代のモデルやアイドルが活躍しているのを見ているせいか、歌手や俳優がランキングの上位になっています。

いずれにしても、男女問わず、子ども時代の「将来の夢」は自分の関心事の象徴のようなもので、大人になっても消え去るものではありません。

また、父や祖父などの職業によって、子どもに向き不向きができるということもあります。その子が家業を誇りに思っているか、それともイヤでイヤでたまらないか、によっても、大きく志望進路は変わるものです。

たとえば、官僚の子どもがサービス業に向かうのはむずかしいでしょう。体質的にも日常的にも、小さい頃から、サービスする側とは無縁な生活を送ってきたからです。

不思議なもので、公務員の親を持った子どもは公務員に、商売をしている家の子どもは、たとえ業種が変わっても商売の道に進むということが多いようです。

政治家は2代目、3代目が多くなりましたが、やはり子どもの頃からの環境の影響が大きいのでしょう。

ただし、どのような環境でも、いい影響ばかりを受けるとはかぎりません。

裕福な家に生まれた人は、子どもの頃から周りにチヤホヤされて、怪《あや》しげな仕事や怪しげな人とつながるようになることもあります。恵まれているからこそ、しっかり自分の道を歩むことがむずかしくなることがあるわけです。

それはともかく、家系の傾向は意外に強いもので、両親が両方とも公務員や会社勤めだと、子どもの世代で商売を始めても、なかなかうまくいかないようです。

逆にいえば、たとえ自分の親は会社勤めでも、祖父母が商売をしていた人は、商売を始めたら成功する確率は高くなります。

坂本龍馬は幕末維新に活躍した志士でしたが、四国、土佐の豪商の家系に生まれ、親戚も船問屋で大きな商売をしている血筋だったため、志士のなかではめずらしく海援隊という組織をつくり、船で貿易を行い、武器の調達係として大きな存在となっています。子どもの頃から海で遊び、親たちの商い話を聞いているうちに、憧れが強まったのです。

ところで、肉親が子どもを見ているうちに、適職が見えてくる場合があります。

これは私の知り合いの例ですが、3歳の息子が、庭でサッカーボールを蹴っているのを見ていて、その父親は「この子は理系に進ませたほうがいい」とわかったそうです。というのは、その子は、ボールをいちいち手で足元に置き直してから蹴っていたことに気づいたからです。

サッカーはボールをいちいち手で置き直して蹴るものではありません。それをするのは正確に蹴りたいためで、性格的にいい加減なことがイヤなのでしょう。

この子は明らかにまじめ路線で、理系の道を歩むほうが成功する、と思ったわけです。

あなたは、どんな子どもでしたか？　どんなことに興味を持っていたでしょうか？　当時と変わらない性分のようなものがありますか？

子どもの頃の特徴には、適職のヒントが多くあります。それだけに、あなたもその頃の生活を思い出すのは、けっして無駄ではありません。

適職を見つけるポイント

☑

子どもの頃の「好きなもののリスト」をつくる

適職の種は好きなものの周辺にある

私たちに適職など、実際にあるのでしょうか？

適職が見つからないという人は、実は正しいのかもしれません。というのも、適職という言葉は、第三者がいうものであって、本人自身が適職だと思っても、周囲の人たちは、否定的に見ていることが少なくないからです。

作家の本田健さんは、大好きなことを仕事にすることを提言していますが、自分にとっての適職を追求することは、自分の好きなことを追求することで、それにつながっていくように思います。

「好きこそものの上手なれ」という言葉があります。どうもこの好きなことに夢中になるのが、成功の近道であるような気がしてなりません。

私の高校時代の同級生を思い返しても、後の職業が元を正せば自分の好きなものに関連していたことに気づきます。

・英語好き　↓　アメリカの百貨店のバイヤー
・けんか好き　↓　材木屋の社長
・討論好き　↓　東京の区議会議員
・計算好き　↓　ポンプの設計家
・聖書好き　↓　神父
・海好き　↓　海外航路船員
・謹厳実直　↓　銀行幹部と警察庁幹部
・投資好き　↓　証券会社幹部
・小説好き　↓　編集者（私のこと）

結局、自分の好きな方面に仕事を求めた人が自分の適職を得たようです。なかでも面白いのは、けんかがメシより好きで、全校一腕っぷしが強かった男は、当時、荒っぽかった材木屋で成功しています。腕っぷしの強い男たちを束ねるには持ってこいの性格だったのでしょう。

あるいは大学のときの同級で、卒業時に一時的に気に染まない就職をした人たちも、結局、毎年クラス会を重ねていくうちに、全員、好きな道、好きな仕事に移っています。

私のかつての編集者時代の部下にしても、

「雑誌編集者は口でプランをいうんじゃない。文字に書いて表わせ」

と、私から叱られていた男は、その後テレビ局に移って出世しましたが、同じようなマスコミの能力、センスでも、雑誌とテレビでは微妙に違うのです。口が達者で企画力があれば、出版よりも、むしろテレビ局のほうがよほど向いているのであって、その頃から、周りでも彼はそちら向きと思っていたのです。

目黒区の区議会議員になっている須藤甚一郎さんは、かつては私の雑誌のフリー記者で、テレビ局の芸能レポーターとして活躍しましたが、私は長いあいだ彼の才能を高く買っていました。彼もまた好きなものの周辺に仕事を見つけた好例で、私は、彼にとって適職だと思っています。

バイク好きが高じてモーターバイク販売会社の社長になった人もいますし、食べることが大好きで、シェフになった人もいます。そういう人たちは、自分の好きなものの周辺に、職を得たのです。少年時代から石ころを集めるのが得意で、有名な考古学研究家になった大学教授もいます。

さあ、あなたはどんな好きなものを持っていますか？

適職を見つけるポイント

☑

夢中になれることを追求する

朝型か夜型かで適職は変わる

あなたは朝型ですか？　それとも夜型ですか？

「早起きで、寝起きもよい」という人は「朝型」で、午前中から頭もからだも活発です。

反対に、

「夜遅いのは苦になりませんが、朝は苦手です」

という人は「夜型」です。

自分がどちらのタイプであるかを知るだけでも、自分に合う職業、業界が見えてきます。

朝型であれば、午前中から活発に動く必要のある会社や職種を考えましょう。

あるいは、朝型の人は、夜には弱いものです。

そういう人が、たとえば、警備会社や交通関係の企業、マスコミ、テレビ局、受験産業、飲食産業といった分野を志望したら、どうなるでしょう？

逆にいえば、そういう分野は、夜型の人には向いているといえます。

だからといって、

「自分は朝型だから、マスコミには向いていない」

と決めつける必要はありません。

自分が朝型だとわかれば、そんな自分に合う働き方を見つけていけばいいのです。

あるいは、自分の「やりたいこと」「好きなこと」のために、生活のリズムを変えていくのもよいでしょう。

学生から社会人になれば、生活は一変するといっても過言ではありません。

大半の人が、「朝の通勤がつらい」というふうに思うのではないでしょうか。

それを少しずつ変えて、「いまの自分のリズム」をつくっていきます。
そのときに、朝型か夜型か、言葉を換えるなら、朝型に合う仕事に就きたいのか、夜型に合う仕事に就きたいのかが、「自分の適職」を決める一つの目安になります。

適職を見つけるポイント

☑ 自分の生活習慣に合う働き方を選ぶ

能力よりも体質を武器にする

さまざまな理由から、大学に行けなかった、行ったけれどバイトで成績がふるわなかった、という人もいるはずです。それが学歴コンプレックスとなって、自分の能力を発揮できないことがあります。

たしかに学歴は一つの「売り」になります。誰も知らない大学よりは、誰でも知っている大学を出ているほうが有利ということも否定できません。

けれども、それはあくまでも入り口であって、実際の現場では学校の成績などは当てにならないというのは、たいていの人が納得することではないでしょうか。

それでもコンプレックスがあるなら、それは克服《こくふく》したほうがいいでしょう。

そこで私は、別の、もう一つの売りとして、「体質」を武器にすることをオススメします。

武器になる体質には、たとえば、次の3つのタイプがあります。

❶短時間睡眠

❷深夜労働型

❸早朝労働型

これのどれかに、体質をつくり変えておくのも一つの手です。

それこそ深夜のトラック便や居酒屋のバイトなどは、若い体力でなければできません。それをしながら、商売のタネとなる情報をたくわえましょう。

私は長年のビジネス生活のなかで、面白いことに気がつきました。

成功している経営者やその他の職業の人物は、そのスタートがあまり恵まれていないことが一つ、また必ず逸話《いつわ》をつくっていることが、もう一つの特徴です。

わざと高校、大学を中退したのではないか、と思う人すらいます。それは自分を断崖に置くためではなかったか、と思うのです。

誰だって、完璧な能力を持っているわけではありません。反対に能力や条件が劣っている人だって大勢います。それを嘆くのではなく、それを一つの武器にするのです。

私自身の例をいえば、社会に出て社員70人の出版社が始まりでしたが、そのなかで「櫻井は毎日5時間眠ればいいらしい」という評判と「夜に強い男」という勲章を、最初の1年めから得たのです。

能力と無関係ですが、8年間これが評価されつづけて、週刊誌の編集長になる大きなポイントになったのです。そして、これが一つの逸話となり、私に有利に働いていきました。

私が夜に強かったのは体質が❶の短時間睡眠型だったからだと思います。

私のこの習慣は若い頃から変わらず、普通の人が寝ている時間に寝ていたということが、ほとんどないように思います。

生活のリズムの問題もありますが、長いあいだ私が寝るのは、午前5時くらいと決めていました。それでも4～5時間は寝るので、寝不足を感じることはありませんでした。だからこそ、作家に夜中に呼び出されても、眠らずにつき合うことができたのです。

その意味では、私は、❷の深夜労働型でもあるかもしれません。夜になると頭が冴《さ》えて、原稿も思うように書き進めることができました。

人によっては、夜ではなく、明け方に起きたほうが仕事がはかどるという人もいます。❸の早朝労働型がそのタイプです。

「夜に強い」というのが長所かといわれれば、微妙なところでしょう。仕事によってはマイナスのイメージをもたれることもあるからです。

けれども一見、マイナスに思えることが、プラスに転じるということがあります。実際、人と反対の方向に歩くと、意外に評価されるものです。

私の知人は、大学を出て最初に、高速道路輸送の会社に入り、長距離トラックの経験を1年してから、旅関係に強い出版社を受験しました。

ところがこれが「面白い」と評価されて、合格してしまったのです。

彼は、「大学を出て、すぐ受けたら絶対に入れなかった」といっていましたが、私もそうだったと思います。

能力不足を逆手にとったかたちですが、では彼は何のために、長距離トラックの運転手をしたのでしょうか？

それをすれば、全国の街をタダで見ることができ、さらに地方の情報を集めることができる、と考えたそうです。ただ食べるために運転手になったのでは出版社は評価しなかったでしょう。この知人はその出版社でいい仕事をしましたが、いつまでもこの逸話はついてまわって、彼に有利に働きました。

適職を見つけるポイント

☑ 能力不足は体験と体質で補う

声の大きさで仕事への適性がわかる

言葉だけでなく、声の大きさも重要です。声を出すのが苦痛であるか、ラクであるかは、実は大きな問題なのです。

たとえば声の小さな人は営業には向きません。

もともと声が大きい人は話し好きで、次のような傾向があります。

❶自分の考えを伝えたい

❷テリトリーを広げたい

❸声の重みで威圧《いあつ》したい

この3つの特徴だけ見ても、声の大きい人は、「仕事をなかなか任せてもらえない」「女性的な職場は合わない」ということがいえます。

大きな企業や伝統のある会社もそうですが、声が大きいと、秘密が守れないと思われがちです。また声の大きな男性は、女性には嫌がられるものです。それで女性が多い職場、女性の顧客が多い仕事には「合わない」と判断されてしまうことがあるわけです。

しかし新聞社やテレビ局をはじめとして、常に職場のなかに声が飛び交っているような会社は、声の大きさは長所となります。

これは私の長年の経験ですが、小さい声の人は社内業務が似合っており、大きな声やよく通る声の持ち主は、社外業務に向いています。

適職さがしとなると、つい自分のそれまでの専門課程から考えがちですが、もともとその専門課程を学んだのが、間違っていることが多いのです。法律を学んだからといって、法律関係の仕事が合っているとはかぎりません。

声が小さい、あるいは会議で口を差しはさめない、という人は、独立したり、起業したりする「一人働き」は向いていません。それよりも大勢のなかで働くほうが、ラクに仕事がしやすいのではないでしょうか。

声の大小は、笑顔ともつながります。

声の大きい人は笑いを声で出します。「アハハ」という声はその典型です。

これに対し、声の小さい人は、笑いを顔で表わします。

つまり、声の大きい人は「大勢向き」であり、声の小さい人は「少数向き」であることがわかるでしょう。

適職を見つけるポイント

☑ 声の大きい人は社外業務が向いている

あなたが携わってはいけない仕事がある

あなたは、「孤独好き」ですか？　それとも「にぎやか好き」ですか？

この項で書くことは、就職時より退職時の悩みに答えるものになります。

就職のときは、自分がどちらの性格であっても、さほど気にはとめないものです。ところが1年、2年、3年とたつと、この性格によって、仕事や職場が我慢できなくなります。

にぎやか好きでありながら、毎日誰とも話せないとなると、寂しさも募って、うつになることがあります。この限度はほぼ3年です。その逆に孤独好きで、人見知りをする性格の人が毎日新しい客と接しなくてはならないとなると、これはもう毎日が苦痛でなりません。

これはだいぶ前の雑誌に載っていた話ですが、芝パークホテルの石原直《いしはらただし》社長（当時）は、かつて留学先の学校で、ホテルマネジメントを専攻したのですが、このとき面接した学生部長の教授は、

「君は人に会うことが好きか？　たとえ直接人と接する現業から離れて経営者になったとしても、人が好きでない人間はホテルビジネスに携わってはいけない」

といったといいます（地域金融研究所『New Finance』２００５年７月号より）。

「携わってはいけない仕事がある」という言葉には、二つの意味が込められています。

❶携わったところで成功の見込みはない

❷携わっては、仕事、人間、会社のほうが迷惑だ

もしかするとあなたは、❷の意味を無視していませんか？

しかしこのことは非常に重要です。石原氏の場合はホテル業ですから、客が迷惑することになります。

このことをしっかり頭に叩き込んで就職先を選ばないと、迷惑する人が大勢出てくるものです。

よく聞く言葉ですが、「ひどい会社に入っちゃいました」という人がいます。

しかし、その会社の社員全員が「ひどい会社」と思っているかどうかは、わかりません。なかには、「とてもいい会社に入った」と思っている人もいるでしょう。

もしかしたら、会社側も同僚も、「ひどい人が入ってきた」と、鼻をつまんでいるかもしれません。そうなると、その人こそ、携わってはいけない仕事に就いたことになるわけです。

「立つ鳥　跡をにごさず」とは、このときに役に立つ言葉です。

やめるときは、会社の悪口をいいふらすのは禁物です。悪口をいう側が低く評価されることがあるからです。

また長いビジネス人生では、どこで再びつながりができるかわかりません。そのとき「しまった！」といっても遅いのです。

「孤独好き」なら、間違っても大勢が同じ部屋で働く職場を選ばないこと。反対に「にぎやか好き」なら、シーンとした雰囲気の職場を選んでは、ほかの人たちが迷惑するのです。

適職を見つけるポイント

☑ 会社や仲間の足を引っ張る存在にならない

自分の「器用なところ」を活かす

どんな人間でも、能がないという人はいません。

「能」というと「能力、才能」を考えてしまいますが、そんなことよりもっと易《やさ》しく「何が器用か？」を考えてみましょう。

まず、からだで考えれば、手が器用な人、足が器用な人に分かれます。

手が器用といっても、右が器用か、左が器用か、両手が器用かに分類されます。

小さい頃に「この子は左が器用だ」と見抜いた父親が、息子をサウスポーに育てた、という話もあるくらいです。

プロゴルファーになるには、両手が器用に使えないと無理といわれますが、中華料理のシェフは、左手が強靭でないと、鍋が扱えません。

よく、ラーメン好きだから中華料理店を始めたいという人がいますが、両手の力、握力が、どのくらいあるかがカギとなります。

足の場合は足の裏が頑丈《がんじょう》であるか、それとも脚力が強いかでも適職が違ってきます。

ある企業は、営業職員を募集するとき、4階に面接室を設けて、

「あなたはここに来るのに階段を使いましたか、エレベーターを使いましたか？」

と問いかけ、「エレベーター」と答えた応募者を、全員落としてしまった、という話があります。

これは見方によっては強引ですが、

「4階だったらエレベーターを待つより階段のほうが早いな」

といって駆《か》け上がるくらいの脚力が欲しい、と思ったのかもしれません。

最近は、セールス、営業などのために、雑談のテクニックと足の頑丈さを必要と考える企業が増えています。そういう体力のある人にはチャンスですが、そう

でないのに就職してしまったら悲劇です。

手足の器用さがなくても、口が達者なのも才能です。

口が達者とは、おしゃべりとは違います。ディベートテクニックがもともと備わっているのかもしれません。

部長を説得しなければならないとき、それだったら「あいつが適役だ」、というケースがそれです。評論家の田原総一朗はその第一人者ですが、彼の場合、どう見ても手や足の器用さはなさそうです。

つまりは手の器用さで相手を圧倒するか、足の強靭さ、あるいはスピードで相手を抜き去るか、舌先三寸で相手に勝つかですが、よく考えてみれば、まだまだ自分のからだに備わった器用さは、いくらでもあるはずです。

視力、なかでも動態視力はめずらしい能力なので、企業によってはぜひ欲しい能力でしょう。

あるいはビール会社の営業マンのように、重いビール箱を運ぶ腰の強さが重要な仕事もあるのです。

10時間続けて座っていられるとなれば、アニメの絵付け、マンガ家のアシスタントなど、最高に喜ばれるかもしれません。正座が何時間でもできるというので、和服店がその応募者を欲しがった、という話もあるくらいです。

私にいわせれば、就職直前になって、ないものねだりしても無理です。一夜漬けの勉強は、学校では通用しますが、就職では無理です。

なぜなら、入社1日めからメッキがはげてしまうからです。それより、本当に自分のからだについている器用さを売り込むほうが、かえって新鮮なのです。

適職を見つけるポイント

☑ 足か手か、あるいは口か、達者な部分を伸ばす

第3のルール

自分に合う「環境」を選ぶ

適職を見つけるポイント

□ 自由な社風を望むなら「若い会社」を選ぶ
□ 実力があれば優遇されるとはかぎらない
□ 自分が居心地のいい場所を選ぶ
□ 上司の使う言葉をチェックする
□ 受け継いだ金銭感覚に合う仕事を選ぶ
□ 同じ出身地の人がいる職場は働きやすい
□ 好きなことなら行動に移しやすい
□ 自分が不得手の人とつき合う

平均年齢の高い会社は若い社員の意見が通りにくい

食事の仕方で適職がわかる、といったら意外でしょうか？
しかし、それはなにも、マナーをいっているのではありません。
たとえば、次の5項目を考えてみましょう。

❶毎日、何を食べようか迷う
❷ラーメン、焼肉、スイーツなどに凝《こ》るほうだ
❸いつも行きつけの店で食べることが多い
❹箸を使うことが多い（またはナイフ、フォークを使うことが多い）
❺「うまい」「まずい」と自分の意見をはっきりという

直接、適職までたどりつけなくとも、およその性格がわかってきます。それも隠れた性格が浮かび上がるため、職業選択だけでなく成功の度合いも、ある程度わかってくるのです。

❶毎日、何を食べようか迷う

それほど食べることに関心が持てるということでは、飲食業界に進むのがいいでしょう。食べ物にかぎらず、何でも決めるのに時間がかかる人は、仕事で頭角を表すのはむずかしいかもしれません。ここ一番では、一瞬の決断力がものをいいます。

人には、決断が速いタイプと遅いタイプがいます。自分は遅いほうだと思う人は、瞬時に決断を迫られるような仕事には向いていません。

それこそ証券会社に入ったら最悪です。ラーメンか牛丼かを選べない人間が、自信を持って客に株をすすめられるわけがないからです。決断を必要とする職種には絶対不向きです。

❷ラーメン、焼肉、スイーツなどに凝るほうだ

ファッション、芸術関係に向いています。「凝る」というからには、自分のなかに「定見」があるからです。

デザイナー、建築家など、自分のテイストを存分に出せる職業は向いていますが、常に大勢で討議して多数決をとるような企業は、この人にとって退屈そのものになりそうです。

❸いつも行きつけの店で食べることが多い

安定した企業向きです。間違っても、ベンチャー企業を受けてはなりませんし、次々と新分野を開拓するような企業も不向きです。

一番いいのは、最初の部に配属されたら、そのまま課長、部長に昇進できるような企業です。つまり、その職場の主になれることが幸せへの道です。

❹箸を使うことが多い（またはナイフ、フォークを使うことが多い）

日本系、アジア系企業と欧米系企業のどちらかに向いているかを判断する大きな材料になります。日本人は箸、筆、算盤《そろばん》、刀と、長いあいだ、右手の文化を育んできたのに対し、欧米人はナイフとフォーク、銃、ゴルフ、パソコンと、両手の文化で発展してきたのです。この片手か両手かを、自分に当てはめてみてもいいでしょう。

両手を使うのが得意な人は柔軟で、欧米人ともつき合えます。箸を使うほうが得意な人は、もともと自分が生まれ育った日本、アジア系のほうが向いています。

❺「うまい」「まずい」と自分の意見をはっきりという

比較的自由にものをいえる若い企業にいくべきです。社員の平均年齢が45歳以上の会社には、絶対に行ってはいけません。必ず転職したくなることを、私が保証します。

というのも、まだ若いうちに「うまい」「まずい」と味を決めてしまうと、年齢の上の人たちから笑われるか、小バカにされるかのどちらかです。それはもっともであり、味の奥行きは無限です。

しかし、本来、味は年齢に関係なく、自由に表現してもいいもので、それを許さない職場環境は、けっして居心地のいいものではありません。

一流企業であっても、平均年齢の高い会社を選べば、必ず居心地が悪くなります。それは当然ではありませんか？

適職を見つけるポイント

☑ **自由な社風を望むなら「若い会社」を選ぶ**

会社の役員には任期があることを知る

企業選びで、ほとんどの人がまったく無視してしまう、非常に重要な情報があります。それは役員が何歳か、入社何年で役員に達しているか、という点です。さらに重要なのは、社長の息子などの家族を、異常に早く出世させていないか、というポイントです。

これは入社後の昇任、昇進と大きな関係があります。ところがこれを調べずに入社して「昇進が遅い」とか「係累（親類縁者）ばかり出世させている」とボヤいても、それはあとの祭りです。

いまこの種の社内情報は、ホームページで開示されているだけに、昇進スピードもすぐにわかるはずです。あまりに遅いのは考えものです。たぶん、あなたは

30歳くらいの出世、昇進に目がいっているでしょうが、それは見せかけのことが多いのです。

とくに40代と50代がどうなっているかを調べないと、下手をすると役職者は年俸制になっていて、かえって収入が下がる会社もあるほどです。

それだけではありません。役職者は組合員ではないので、子会社に行かされたり、とんでもない僻地《へきち》の支社に飛ばされて、割増し手当てを1円もつけないで、やめるのを待つ、という会社もザラにあります。

ともかく取締役の平均年齢が、他社より高いと思ったときは要注意です。

一つだけ間違いなくいえることは、そのような会社は若いうちからやりたいことができない、つまりは、やりがいのない会社ということです。

また年功序列制度のない会社が、若者たちに好評なようですが、これにも裏があり、能力がないと見なされたら、やめる以外、立場がなくなります。その辺が理解できない人は、大企業の構成を考えてみましょう。

どの企業でも社長は1人です。この社長は平均2期4年はつとめます。するとかりに1年に200人の新入社員がいたら、その4倍の800人に1人が、社長にたどりつける確率です。

この社長を頂点に、ピラミッド状の広がりを形成していますが、200人の社員が、そのまま1人もやめずに上に昇進していったら、会社は潰れてしまうでしょう。

どんなに人事部や総務部、あるいは広報部がおいしい条件を出しても5年、10年たってもその社員がやめてくれなければ、関連会社にまわすか、脇に排除させるのです。そうでなければ、ピラミッドが維持できないのが会社組織だからです。

年功序列の残っている企業は、その点、できの悪い社員には救いでもあるのです。

では年功序列を廃止した会社では、できのよい社員はトントン拍子で出世するでしょうか?

そうとはかぎりません。年功序列がなくなっても、上司に可愛がられるかどうかが、キーポイントになるからです。というのも、どこでも上司は、自分の地位を脅かすほどの優秀な部下を嫌います。

前でも書きましたが、オーナーでないワンマン社長経営を長年続けている会社は敬遠すべきです。

その社長が優秀なのではなく、ひたすら競争相手や危険な役員を遠ざけているだけの経営者である可能性が高いからです。

こういう会社は末端にまでその系列が続いていますから、入らないほうがやめる危険もありません。

適職を見つけるポイント

☑ 実力があれば優遇されるとはかぎらない

自分のライフスタイルに合う会社を選ぶ

入りたい会社ができたら、そこの社訓を調べてみましょう。

会社によっては、もともとあった古い社訓を、いまの時代には合わないからと、新しくしているところもあります。できれば、もともとの古い社訓も知りたいものです。

どんなに言葉を換えても、古い体質はなかなか変わらないものです。

たとえば自由を謳《うた》っていながら、創業者と現社長の写真を額に入れて、各部署に飾ってあったり。私はそのタイプの会社はあまり高く評価しません。なぜなら、必ず上意下達《じょういかたつ》のタテ型に決まっているからです。

そしてさらに悪いのは、そういう企業にかぎって、信奉者が固まっており、一種の洗脳をかけてきます。

何事においても「先代はこうおっしゃっていた」「創業者の精神は、かくかくしかじかである」となっていきます。それでも大経営者であれば、その人に憧れて入社しますから、それらの言葉も職場の習慣も気になりません。

ところが、その社にとっては大切な創業者でも、若い社員の誰もが知らない人や顔では少々無理があります。むしろ反発されるのがオチでしょう。

私は大学の校風と企業の社風が合わないと、必ず無理が出ると信じています。大学がバンカラで社風が上品だと、まず合いませんし、反対に大学が、しゃれた校風で都会的センスを重視しているのに、古い匂いの染み出るような社風の企業に入ったら、1年ももたなくて当然です。

それはあなたの能力と関係ありません。

選択眼が間違っていたのです。

東大卒業生がなぜ官庁に入って違和感がないかというと、私は東大の校風にあると思っています。あの古くさい校舎で4年間、勉強しているうちに、古くさいしきたりの官庁体質に染まっていくのではないか、とも思えるからです。

もう一歩進めれば、あなたの家庭環境とも強く影響し合います。

たとえば、和風の住宅か洋風住宅か、一軒家かマンションかなどで、自分の好みの社屋や社風が、いつのまにか心のなかに芽生《めば》えているものです。

会社のことは好きになれないという人でも、立地条件がいいからやめない、という人も、案外多いのです。一事が万事で、自分の家の家風、校風、それに自分自身のライフスタイルを考えて、その会社が自分に合っているかを調べてみましょう。自分の生き方と社風が合わないと思ったら、やはりそれは、適職とはいえないかもしれません。

適職を見つけるポイント

☑ **自分が居心地のいい場所を選ぶ**

言葉遣いが似ている人たちのなかで働く

若いうちから言葉が悪い人は、けっして人の上に立てないものです。

かつて私の部下に、自分の子どものことを、仲間内の会話で、「うちのガキ」といっている男がいました。私はそのことをあとで知り、出世させたことを後悔しました。

そんな表現をする男が、子どもを大切にする女性のための雑誌を編集できるわけがないからです。この男はその後、結局やめて他社にいきましたが、そこでもうまくいきませんでした。

言葉は、その人の思想です。それこそ冗談口にも、考えている中身が出てしまうほどで、だからこそ、小さい頃からの仲間や友人、あるいは家族関係が大切なのです。

その社の面接で、あまり使いなれない表現をいわなくてはならないようなら、その社はあなたに合っていませんし、よしんば入っても、必ず途中でやめることでしょう。あなたも「合わない」と思うでしょうが、会社側も「早くやめてくれないか」と思っているに決まっています。

たとえば軍隊組織のようなセールス会社があります。

こういう会社は、上司は部下を呼び捨てです。それが悪いというのではなく、その言葉遣いに合うならば、居心地がよくなりますが、合わなければ最悪です。

ではそれがいつわかるかといえば、面接時です。

このとき合うか合わないかがわかるのです。無理に相手に合わせる表現をしなければならなかったら、それは、あなたには合っていません。

心理学者は、人間は生後6年までに、大人の生活様式や行動を理解し、言語と絵などによる表現様式を組み立てる、といっています。

すでに6歳で、その人の個性ともいうべき表現を、きっちり決めているのです。

それを根本から覆《くつがえ》すような表現を使わなければならないような会社には、絶対いられないでしょう。

「報酬が高いから」「社屋が素敵だから」などという理由で、しばらくは我慢できても、根本に無理があるのですから、どうにもならなくなるものです。

反対に、小さな会社で報酬がそれほどでなくても、言葉遣いが似ていて、とても気楽に仕事ができるようなら、それは間違いなく適職です。絶対やめてはいけません。

適職を見つけるポイント

☑

上司の使う言葉をチェックする

育った環境と金銭感覚はつながる

誰でも金銭感覚は、途中で変えるわけにはいきません。子どもの頃から身についたものだからです。

小さい頃からぜいたくに育った人は、大人になっても浪費型です。反対に地味に育った人は、社会に出ても地味が続きます。

かりに貯金好きの女性が、売り買いのはげしい証券会社に入ったら、たぶん合わないでしょう。結婚相手にも証券マンを選ばないはずです。

人間は先祖代々の遺伝で、金銭感覚が形づくられている、という説があります。商人の先祖を持てば、金銭感覚は「儲《もう》け」が基本になり、サラリーマンの祖父、父を持てば「貯める、使う」に重点がしぼられます。

だからサラリーマンの父は、その子を有名校、一流校に入れて、大会社のなかで出世させたいと思うのです。

ところが、その息子は親の願いと遺伝を無視して、起業を志し、大きくつまずいてしまいます。

私の父は町工場を経営していました。母の兄弟も偶然のことに、町工場の経営をしていました。この系統でいくと、私は大企業のトップに立てる素質は、もともとなかった、と考えていいでしょう。

その代わり、アイデアを出して、独立して小さくやっていく分には、あまり問題はありませんでした。大きなお金はつかめませんが、その日の暮らしに困ることもないのです。

この金銭感覚の遺伝は父親から娘に伝わることもあり、祖父から孫息子に伝わることもあるので、親の願いと一致するとはかぎりません。

柴田錬三郎という直木賞作家は、育った環境と金銭感覚はつながるといっていました。彼は岡山県で、瀬戸内海を丘の上から一望できる村に生まれ育ちました。するとと毎日出入りする船を見るうちに大きな志が生まれた、というのです。

実際、港町に育った人は貿易を志すようになる、といわれます。高知に生まれた坂本龍馬、三菱を興した岩崎弥太郎がその典型です。

反対に、成長するまで海を見ることのない県に育った人々は、雑誌や本に頼るため、書店や出版社をつくる、という説もあります。

出版社の経営者になった数のもっとも多いのは、山に囲まれた長野県人です。

もしあなたが長野県出身であれば、出版業界で成功する素質を持っているかもしれません。

適職を見つけるポイント

☑

受け継いだ金銭感覚に合う仕事を選ぶ

適職は職業だけで決まるわけではない

生まれ育った場所によって、その県民性が表れるものですが、この県民気質と、あなたの適職とは無縁ではありません。

なぜなら、あなたの体内に気質が染みついているからです。

「あの人は洗練されている」

という場合は、東京か大きな港湾都市育ちであることが多く、

「あの人は頑張り屋だ」

という場合は、山に囲まれた場所で育った人が多いものです。

いや、東京でも、山の手育ちか下町育ちで大きく違います。私は下町生まれの下町育ちなので、庶民性が非常に強いものがあります。

私が22歳で松本清張と出会い、終生この作家と編集者以上のつき合いをしてこられたのは、私の気質が、下町の庶民タイプであったからです。

一例をあげれば、他の出版社の社長や編集長が、高級菓子を手土産に持っていくところを、私は石焼き芋やたい焼き、安いアイスクリームや、切ってある冷えたスイカなど、先生と2人でムシャムシャ食べられるものを抱えていったものです。

これは私のなかに、清張先生と同根の庶民派気質があったからこそできたことで、あなたに向いているかどうかはわかりません。

適職というと、職業の種類を考えがちですが、そうとはかぎりません。

都会育ちには、六本木、青山、赤坂などの場所はとても快適ですが、地方育ち、田舎育ちの秀才には合いません。私の友人で某銀行の赤坂支店長になったのに、その場になじめず、結局、出世を断念してしまった男性がいました。つき合う人種と話が合わず、成績が思うように上がらなかったのです。

県民性というのは馬鹿にできないもので、幕末から明治維新にかけて活躍した薩摩（鹿児島）、長州（山口）、土佐（高知）出身の子孫は、いまでも東京で活躍している人が多いようです。

もっと大きくいえば近畿、中国、四国、九州の出身者は、他の地方の出身者より「人見知り」が少ないという長所があります。これも、仕事を決める際の重要なファクターです。

かつて新潟、富山県出身者は、東京に出てくると銭湯（お風呂屋）か薬屋になり、群馬県、長野県出身者は教員になったという話があります。

名古屋が大都会として、現在重きをなしているのは、これら北陸、中部各県出身者にとって、東京より居心地と働き心地のいい場所だからでしょう。

もしあなたがそちらの出身なら、東京や大阪などの大都会ではなく、名古屋という大都市で仕事をさがすのも、一つの選択だと思うのです。

会社によっては、たとえば社長と同じ出身地の人が多いということがありますが、同じ出身地というだけで親近感が湧いて、それについてのコンプレックスを抱くことがありません。

食べ物の好みや思考も似ているところが、より居心地のよさを感じるのかもしれません。

適職の基本は、自分が心地よく働けることです。

どんな場所が、あなたにとって心地いいのか。それを考えてみましょう。

適職を見つけるポイント

☑

同じ出身地の人がいる職場は働きやすい

心が揺さぶられて行動できる場所に行く

あなたは何に、はげしく心を揺さぶられますか？

西研悟氏という経営者がいます。彼は大阪芸術大学で広告を専攻し、コピーライターになりたいと思ったそうです。あるとき教授から呼ばれ、自分の提出した絵コンテと、父親が現役コピーライターの同級生の絵コンテを並べられて「君には才能がない」といわれたのです。

彼は中華料理店の息子でしたが、まったく教授のいう通りだと思い、結局、外食産業に入ったのでした。ところがそこが事業撤退となり、その後、父の店で1台の餃子成型機に出会ったのです。この奇妙な機械に、彼は心を揺さぶられたのです。

子どものときから中華料理店で育っていなければ、餃子成型機を見ても、何の興味も湧かなかったでしょう。しかし西氏は、この成型機に自分の運命を託す気になったのです。現在では株式会社餃子計画代表取締役として、22億の年商まで漕ぎつけただけでなく、店舗のフランチャイズ展開にも進出しています。

「心が揺さぶられて行動に出る」

このケースなら、どんなに苦しくてもがんばれると思うのです。

語弊《ごへい》があるかもしれませんが、私は、心を揺さぶられる仕事がなければ、働いても無駄だ、と思っているところがあります。もしも一生、心揺さぶられるものがなければ、それはそれで仕方ない、とさえ思うほどです。

ただし、「運命は自分の考えた通りになる」のです。行動を起こせば、運が動き、起こさなければ運は停止したまま、さびついてしまうでしょう。

私はこの本で「就職、就社だけではない」と、声を大にしていいたいと思っていますが、それは、会社内の人間関係やビジネスルールに合わない人たちは、結局やめることになる、という心配があるからです。実際、退社の理由第1位は「職場の人間関係の不満」なのですから。

そうではなく、心が揺さぶられるほど楽しかったり面白かったりしたら、即日、それを仕事にすることです。そのためにインターネットが活用できるのではないでしょうか。

一日中ゴロゴロしていれば、お金は出るだけです。しかし、好きなことだったら、何でもできるし、お金に換えることもできるでしょう。

いまは、たとえばブログなどで告知するだけで、アイデアやサービスを売ることができます。実際にそれをするかしないかは置いても、そんなことを考えているだけでも、ゴロ寝しているよりも、よほど楽しいし、お金にもなるではありませんか？　適職の糸口が見つかることもあるでしょう。

適職を見つけるポイント

☑

好きなことなら行動に移しやすい

自分を成長させてくれる相手と環境を選ぶ

日本で社長の一番多い出身大学は、圧倒的に日本大学です。

学生数が多いからではないか？　ともいわれますが、それにしても、ランク上位の早稲田、明治といったマンモス大学を引き離して、20年以上もトップを独走している理由は何でしょうか？

OBが口を揃《そろ》えていうには「気力」です。成功には、能力、頭脳より気力が大切だ、と教えてくれるのが日大だ、といえるでしょう。そうだとすれば、日本大学に在学すれば、成功のチャンスは飛躍的に上がるということです。

「朱に交われば赤くなる」という言葉がありますが、人は交わる友人によって、善悪いずれにも感化される、という意味です。

私は転職を悪いこととは思いません。その理由は、人生の最初の時期にその職場で悪く感化されてしまったら、取り返しがつかないからです。

給料の多い少ないより重要なのは、その職場があなたを鍛えてくれているか？という点です。鍛えてくれる雰囲気がなかったら、一日も早く逃げ出さなければならないのです。

大学も会社も似たようなもので、よき先輩、同僚、友人がいれば、いつのまにか自分が上がっていくのです。それは自分自身には見えません。

「君は変わったなア」

といわれたことがありませんか？

昔の友人、あるいは故里《ふるさと》の両親、誰でもいいのですが、

「ひとまわり人間が大きくなったみたいだ」

といわれたら、いまの環境、友人が最高だ、ということです。自分ではわからないうちに、自信がにじみ出てきたのです。

つまり、能力が不足している、劣《おと》っていると思ったら、自分より上位の人とつき合うことが必要です。簡単なことをいえば、上の人と話すとしたら、いやでも敬語を使わなければなりません。

敬語が苦手だ、話せない、という人を、私はまったく買いません。恐らく企業の面接試験でも同じだと思うのです。

しかしそれはあなたの考える理由と、まったく違う観点です。

もしかするとあなたは、敬語が使えないと「日本語の常識を知らない」と思われるのではないかと、誤解していませんか？　だから話し方の本で勉強するのでしょう。

そうではなく、「敬語が話せない」という人は、日常、同等の仲間か下位の人としかつき合ってこなかったということです。つまり、資質的に中身がないと判断されてしまうのです。

それに対して、ゆとりを持って敬語を話せる学生は、常々、上位の人と話をしているると思われるでしょう。それは当然で、敬語は覚えるものでなく、使うことによって習得できるものだからです。

敬語にかぎらず、自分が不得手だと思えば、得手の人々と交わることです。

株式のことを知りたければ、本で勉強するよりも、トレーダー仲間の輪に入れてもらうほうが、はるかに早道です。

経営者になりたかったら、すでに経営者になっている人、または経営になりたい人たちと親交を持つことです。

勉強会やセミナーに参加するのもいいでしょう。たとえいまは実力が足りなくても、自分がなりたい人のそばにいるだけで、その人の影響を受けるものです。能力不足も、知らずしらずのうちに補われていくでしょう。

適職を見つけるポイント

☑ 自分が不得手の人とつき合う

第4のルール

心の奥の「甘さ」を捨てる

適職を見つけるポイント

- □ 「気がつかない人」から抜け出す
- □ 自分の欠点を客観的に把握する
- □ 目的を早く決める人ほど成功する
- □ 自分の理想像を、できるだけ早くつくり上げる
- □ 「忙しい」を口にするとチャンスを逃す
- □ 希望通りにいかなくても成功することがある
- □ 自分がお金を使いたい業界に入る
- □ 学校の勉強だけでは足りない

うまくいかない原因は「自分にある」と考えてみる

非常に冷たいことをいうなら、この社会は、全員を幸せにするようにはできていません。必ず網の目からこぼれる人がいるのです。

よく「やる気になれば何でもやれる」とか「死んだ気でやれば、必ずできる」といいますが、成功者だけが得意げにいえる、激励の言葉として受けとりましょう。

とはいえ、どうあがいてもダメな人は、結局、その人自身に、原因なり理由なりがあると思わなくてはなりません。

社会が悪いわけでもなく、会社が冷たいわけでもないのです。いや、社会も会社も悪いのですが、そう思ってしまうと、自暴自棄《じぼうじき》になったり、ときには唯我独《ゆいがどく》尊《そん》で「自分には欠点なんかない」と居直ってしまうかもしれません。
ではあがいてもダメな人は、どういうタイプでしょうか？

❶自己主張が強すぎることに気がつかない
❷基礎学力が劣っていることに気がつかない
❸怠《なま》け者であることに気がつかない
❹常識に欠けていることに気がつかない
❺自分が好かれていないことに気がつかない

この5つの「気がつかない」人たちです。

かりに面接のとき、こんな学生がやってきたら、ものの1分で落ちてしまうでしょう。どんなに面接のノウハウを暗記したところで、基礎学力が不足していたり、常識がなければ、どうにもなりません。

たとえ入社できたとしても、自己主張が強すぎるうえに、怠け者だったら、周りから嫌われて、やめざるを得なくなるのです。ダメな人は、どこかでダメになるようにできている、と思ったほうがいいかもしれません。

さらにそのうえ、

❶気がきかない
❷無理がきかない
❸融通《ゆうずう》がきかない
❹人のいうことをきかない
❺口をきかない
❻目がきかない

というタイプだったら最低、最悪です。

念のためにいうと、「口をきかない」というのは「無口」という意味ではありません。

無口は、ときにプラスに働きますが、ここでいう「口をきかない」とは、あいだに立って紹介や世話をしないということです。つまりは人のために働くことをしないという意味ですが、社会でこういうタイプは、他人も助けてくれません。

「目がきかない」とは、人間でも品物でも、本物と偽物《にせもの》の区別がつかないということで、これでは価値判断を誤ります。

これだけあげれば、社会が悪いのでも、上司が自分の価値を認めないのでもないことがわかるでしょう。まず、自己認識こそ、成功の第一歩なのです。

適職を見つけるポイント

☑

「気がつかない人」から抜け出す

過度な自信も、過度な不安も捨てる

若いうちは誰でも、自分自身に過度の期待を抱いているか、逆に、過度な不安、絶望を抱いているかのどちらかです。

それも漠然《ばくぜん》としたものである場合が多く、小さい頃から医者の父に「家業を継ぐのだから医者になれ」といわれて医師をめざすような人は、ごく少数派です。

普通の男女なら、偏差値の高低、卒業する大学の程度などから、漠然としたレベルを想像し、強気なら、有名銀行、商事会社、航空会社に入れそうだ、と過大な期待を抱くか、弱気なら、最後は怪しげなセールス会社に入るのかな、といった不安の人生を予想してしまいがちです。

しかし、実際には、どんな人にも適職があるはずで、ということは裏返せば不適職もある、ということです。この不適職につかまってしまった人は、頭脳の優劣に関係なく、人生の敗者になるわけです。

ここで受けてはいけない職種、入ってはいけない会社がある、と思うべきです。それをどう見分けるかが重要なのです。

私の友人は会合での飲み方、お金の出し方でわかる、といいます。

たとえば学生時代の飲み会でも、釣り銭のいらないように、幹事にきちんと支払いをすます人がいるでしょう。こういう学生は「謹厳」「まじめ」「金銭に厳しい」タイプですから、「冒険と危険にあふれる」マスコミ、ベンチャーなどは絶対受けてはソンなのです。企業の大小にかかわらず、教育、法律、金銭、経理関係など、堅い職種に向いているのは明らかだからです。

また飲み会の最中に大声でしゃべりながら飲み、かつ食べている人がいます。反対に、それをうるさがる人もいるでしょう。

それだけでも前者は大勢のなかで成功し、後者は静かな職場環境でなければ、絶対成功しないことがわかります。

おしゃべりな人ほど小さい会社や小さい部門、あるいは研究機関などには絶対に行ってはならないのです。無口な人は、セールスや情報関係を受けてもむずかしいでしょう。自分を表現できないために、本来の能力を発揮できない可能性があります。

また飲み代の貸し借りを平気でする学生もいます。なかには卒業まで待たせて逃げてしまう人もいますが、こういう人がお金に関係する企業や、契約を重んじる企業を受けたら最悪です。

もちろん才能、能力から進むべき業種を特定するのが基本ですが、自分の隠れた性格が一挙に出る遊びや飲み会のなかに、実は、受けてはいけない職種が浮かび上がるのです。一度、よく思い返してみるといいと思います。

適職を見つけるポイント

☑

自分の欠点を客観的に把握する

人生の目的が決まらない人は前に進めない

誰でも好きな人と一緒にいたいし、好きなものを食べたり飲んだりしたい。自分に適したものに囲まれて生活できれば、最高です。

自分に適した食物や酒の種類は誰でもわかっていますし、ほとんど毎日とることができます。好きな音楽を聴くこともできますし、好きな遊びもできます。つまり、私たちは20歳くらいになれば、自分の理想を思い描くことができるはずなのです。

かりにどこに住むかということにしても、マンションか一軒家か、希望は決まっているはずで、その夢に向かってスタートするのが普通です。

結婚にしても、すでに経験した恋愛によって、どういう異性が自分に合うか、理想は決まっているはずです。子どもが欲しいか欲しくないかも、わかっているに違いありません。

ところが自分に適したもののなかで、仕事だけはわからない、という人があまりにも多すぎます。というより、人生の目的を先に決めていないため、仕事が決まらない、というほうが正しいかもしれません。

いつまでたっても適職にめぐり合えない人、就職することができない人は、けっして働きたくないわけではなく、自分の人生の目的がわからないのです。

私は人生の成功者は、人より早く目的を決めた人だと思っています。

わかりやすい例でいうと、モーツァルトは3歳でチェンバロを弾きはじめ、その年か翌年にコンサートを開いたと伝えられています。ピカソは8歳のときにリンゴの絵を描いたのを父親が見て、絵描きにしたと伝えられています。

中学生棋士の藤井聡太は5歳から将棋を始めています。最近は日本のスポーツ界も若手が花盛りで、卓球の平野美宇、世界のゴルフ界で活躍する松山英樹、メジャーリーガーの田中将大投手などが大活躍です。

経営者でも、学生時代に起業して社長になったリクルートの江副浩正氏、ソフトバンクの孫正義氏、最近ではユーグレナの出雲充氏もいますが、彼らに共通しているのは、目的を早くに決めたという点です。

その目的も、「○○になる」という決め方です。どこそこの会社に就職する、というのが目標ではないのです。

ここに適職のむずかしさがあります。

以前であれば、たとえば「就職して結婚する」という漠然とした目標でよかったのです。女性も「しばらく働いたら寿退社」が人生の目標でした。

ところがいまは男も女も、目標をもっと狭《せば》めて、具体的に、

・何になりたいのか
・どういう職業の人と結婚したいのか
・いくら貯めたいのか

と、早くから決めざるを得ない状況になったのです。

そうなると決めるのがむずかしいため、つい先延ばしにして、仕事にも打ち込めず、結婚は晩婚化が進んでいます。

しかし、なかには早くから目標を定めて、20代から勝負をかけてくる人たちが急速に増えはじめています。これにつられるように社会が一斉に若返りはじめたのです。

あなたも、いまからでも具体的な目的、目標をまずは決めてみることで、とりあえず進んだところで見えてくるものがあります。大切なことは、先延ばしにしていたことを、いますぐにすることかもしれません。

適職を見つけるポイント

☑

目的を早く決める人ほど成功する

「どこに入れるか」ではなく、「何になるか」を思い描く

あなたは、60歳になったときの自分の姿を思い描いたことがありますか？

それが遠すぎる将来なら、10年後、20年後と、10年刻みの自分を想像することは、何にもまして重要です。

この姿から逆算すれば、進むべき進路が、はっきりわかるからです。

レストランのオーナーの姿を思い描いたのなら、進むべき道は、食品、飲料、料理、ホテル関係か金融でしょう。それ以外の業種は、遠まわりになるからです。

ＩＴの若手起業家で大成功している姿に酔いたいなら、１００年も続いている大企業での勉強をめざすのは、どうでしょうか。

私は13歳の時点で、女性雑誌をつくりたいと思っていました。母や２人の姉が

読んでいる雑誌を、中学生のくせに夢中で読んでいたからです。自分でも驚くほどの早熟でした。

この頃から女性誌の編集長を夢見ていたのですから、狙いは出版社しかありません。それ以外は「入社させる」といわれても、行く気はまったくありませんでした。

テスト用に小さな新聞社を受けましたが、面接で「雑誌志願」といったからでしょうか、落ちてしまいました。しかしそれは望むところでもあったのです。

私が女子短大で教えているとき、「何になりたいのか?」と訊《たず》ねても、ほとんどの学生はとまどうばかりでした。

「何になる」のではなく「どこかに入る」しか考えていなかったからです。

こうなると「入社と結婚」が、人生の二大目的となってしまいます。どこでもいいからまず就職し、誰とでもいいから条件のいい男と結婚する――ということです。

できればその両方とも「大」のつくことが望ましい、といいます。大企業に入り、大企業に勤務する男と結婚できれば、それで人生は大成功！　となるわけです。

これは理想像を特定、特化していない例です。しかしこれまでは、ほぼこのかたちが普通であり、これでうまくいったものです。

ですが、現在及び今後は、そうはいきません。なぜなら、女性も一生の仕事を持たないかぎり、これからの時代は生きていくことがむずかしいからです。

また男たちも、かわいい女性だから結婚する、というより、一生の仕事を持っているか、子どもを産む気があるかどうか、など、条件がシビアになります。

安易に結婚して子どもをつくり、離婚したとなると、ズシリと財産分与と養育費が男の肩にかかってくるからです。

だからこそ、仕事上の理想像だけでなく、家庭の理想像も、結婚前に描いておかないとならないのです。

「そんなことは、とりあえずどこかに就職してから考えればいい」と思う人は、必ずあとで「しまった」と悔やむことになります。

「しまった」と思って引き返そうとしても、転職、離婚は、男女とも大きな負担になるよう、この世の中の仕組みが変わっているのです。

これからは、理想像はできるだけ早く描いたほうが成功しやすいのです。

イチロー選手は、小学5年生の作文で「契約金1億円でプロ野球選手になる」と書いています。これこそが、いまあなたに必要な考え方なのです。

適職を見つけるポイント

☑ **自分の理想像を、できるだけ早くつくり上げる**

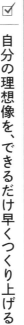

どんなに忙しくても、忙しいと思わない人がいる

「忙しすぎて、からだを壊しそうになったので、前の会社をやめました」といって、次の会社で合格するケースはゼロです。

反対に、

「忙しいのは苦になりません。からだは頑丈です」

というのも、いい答えではありません。

この種の答えは質問があってのもので、最初からいう必要はないのです。なぜでしょうか？

仕事ができる人は、「忙しい」を連発する社員ほど無能だと思っているからです。

実際、真の忙しさは、上の役職につけばつくほど増すもので、新入社員の忙し

さは、単に物理的なものです。

慣れていないせいで、仕事に時間がかかるのであって、それこそ段取り力さえ身につけていれば、忙しさのなかに余裕さえ生まれるものです。

どんな無能な上司でも、部下が3時間かかるものを、同じく3時間かけることはありません。恐らく1時間で仕上げるでしょう。優秀な上司なら、30分かもしれません。だからこそ、上に立てるのです。

また会社によっては、残業を喜ばないところがあります。というより、1人で残業させなくなっています。極秘資料を持ち出されることを恐れるからです。

もし希望通りの会社に入れなかったら、自分では気づかないところで、「ダメだ」と思われているのかもしれません。

私の体験では、上司から仕事を頼まれたときに、「いま、ちょっとほかの仕事で……」といってしまうような人は、出世はむずかしいでしょう。

上司は他に仕事があるのはわかっていて、仕事を頼んでいることがほとんどだからです。

他の仕事があっても、それをラクラクこなす余裕を見せてこそ「こいつはできる」と思われるのです。

希望通りの職種に就けなくて、意にそわない会社にやっと入ったとしましょう。この場合、会社側は「こいつは不満を持って入ってきたな」ということを、先刻ご承知です。なぜなら面接で、「どこを受けて失敗したか」を聞いているからです。

仕方なく入ってきて「この会社は忙しいですね」と、始終いっていたら、上司はどう思うでしょう？

まして上司に「ランチに行かないか？」と誘われたとき、「いま手が離せませんので」と断ったら、「やっぱりほかの会社が落としたのは正解だったな」と思われても仕方がありません。

こんなときほど余裕を見せて「ぜひお願いします」といえば、「落とした会社は目がなかったな」と、上司はとても満足します。
忙しさを余裕で受けとめる心が、あなたを大きく見せるのです。
希望通りに運ばなかったときこそ、人間を大きく見せましょう。
社会に出たら、ときに仕事量より、人間性の豊かさを見られることがあるのです。
その人間性の豊かさは、同僚より余裕を見せることにより、大きく育っていくのです。

適職を見つけるポイント

☑

「忙しい」を口にするとチャンスを逃す

希望通りの仕事が適職になるとはかぎらない

学生の「希望の会社」といえば、創業何十年を経《へ》た大企業でしょうか。それは毎年発表される「好きな企業」の上位社名を見ても明らかです。

前にも書きましたが、この上位企業は少しずつですが、毎年変わっています。なかには入れ替わったまま、上位に来ることは二度とない企業もあるのです。経済を勉強した人なら、このことはよく知っているでしょうが、それでも「いま輝いているもの」に目を奪われるのは、結婚と似ています。

男でも女でも、恋人や伴侶に、美人（またはイケメン）を選ぼうとします。しかし、美人だから性格がいいとはかぎりません。むしろ美人であればあるほど、その変化は大きく、ときに心も醜くなります。それがわかっていながら、手を出してしまうのです。

結局、数年後に後悔したり、離婚することになり、悲劇を味わうことになるのですが、希望通りの会社に入っても、同じ轍《てつ》を踏むことになりがちです。

かつて私の最優秀の仲間は「三白」といって「米、砂糖、紙」関係や、石炭、造船、映画などの景気のよい企業に入って、意気揚々としていましたが、定年の頃には「お前、高橋か？」「ホントに吉田か？」と叫んでしまうほどの顔の変わり方でした。それほど、やつれていたのです。

企業が下降線をたどるにつれて、リストラ、子会社への出向、僻地転任の3つが待っています。

入社10年めくらいなら、なんとか飛び出して別の企業にしがみつくことができますが、これが入社20年、30年となると、悲劇です。なまじそれまで好況企業であったために、愚痴ばかり出ることになり、次第に顔つきも悪く、醜くなっていきます。

いまのあなたは希望に燃えていますから、そんなことを書いても「自分は違う」と思うでしょうが、人生は長いように見えても短いのです。

私が口を酸《す》っぱくしていいたいのは、くれぐれも入る職種を間違えるなという点と、希望通りにいけなくても、希望通りにいった人より成功することがある、ということです。

いまは人気のない企業、人には知られていない会社が、世の中を引っ張るような大きな企業に成長することもあるのですから。

適職を見つけるポイント

☑

希望通りにいかなくても成功することがある

自分へのご褒美《ほうび》は必要ない

この社会は常に、対比によって成り立っています。

「稼ぐ人」がいれば「使う人」もいます。また「損する人」がいれば「儲ける人」がいるものです。

学校を出て社会人になるときに、この「対比の論理」をすでに知っている人は、必ず成功します。なぜなら秤《はかり》で量《はか》るなら、100円使う人の対比には100円儲ける人がいる理屈で、なるべく早く儲ける側にまわろうとするからです。

たとえば「癒《い》やし」という重要なテーマがあります。

人々は疲れきったからだを癒やそうと、大金を使います。もしかすると、あなたもその1人かもしれません。

しかし、最初にお金を使う立場に立つと、あらゆるものでお金を費やす側にまわってしまうのです。これがサラリーマン、ＯＬという給与所得者であり、人から使われる立場のフリーターなどの姿です。

毎月入金された金額を、四方八方に使う——これを数年続けていると、頭脳もからだも「使う」スタイルになってしまうのです。

ところが最初に人には「癒やし」が必要だ、と考えたとき、それにお金を費やすことをせずに、それによって儲ける側に立てば、その時点で成功のチャンスが生まれるわけです。

とくに女性は、自分に対し、癒やしと高級品というご褒美を与えたくなります。これでは収入が、ますます減る一方ではありませんか？

就職の時期とは、仕事さがし、会社さがしだけではありません。このような逆の発想を持たなければ、一流校と三流校では、大差が開くだけです。

能力不足、学力不足を嘆く人は、もうその時点で負け犬です。

社会が不平等なのは当たり前で、不平等を乗り越えるために、学生時代があったのです。しかし、すでに学生時代は過ぎてしまったかもしれません。

そうだとすれば――

❶少なくとも、癒やしやご褒美を10年間は禁止する

❷癒やし、ご褒美といった人間の弱さを補充する産業に、身を置いてみる

❸癒やし、ご褒美に関する仕事を起業してみる

こういった考えを持ってみてはどうですか？

この「癒やし」「ご褒美」は一例にすぎませんが、ともかく人生のスタートにあたって、次のいずれかを考えるべきです。

・使うお金、出費を少なくするか

・その業界に身を置いて、スキルをマスターするか
・起業ブームに乗って、冒険してみるか

この3点でいえば、一流校と三流校の格差はないのです。逆にいえば、それができる強みを持っているのが三流校出身者でしょう。

適職を見つけるポイント

☑ 自分がお金を使いたい業界に入る

偏差値より「文化値」を高める

私は外語大に入って、わずか1ヵ月で語学の才能はない、と見切りをつけました。というのも、その1ヵ月で、3ヵ国語をしゃべりだした男がいたからです。この男は語学の天才で、他の外国語を学内で聞くうちに、すぐマスターしてしまうのです。

明治維新の立役者であり、日清戦争終結時の外務大臣をつとめた陸奥宗光《むつむねみつ》は若い頃、勤王《きんのう》の志士《しし》でしたが、人を斬《き》っているあいだに高等数学と英語をマスターしてしまった、という逸話が残っています。

そういう天才を前にして、凡人が偏差値を上げるのは、容易ではありません。

しかしここが大切ですが、仕事によっては、偏差値はまったく役に立ちません。

たとえば絵画、書といった芸術的才能は、偏差値が40であろうと、70の偏差値の男女より優《すぐ》れています。

正直にいうと、私の偏差値は中か、せいぜい中の上です。なにしろ小学生以来、優秀賞をとったのは、あとにも先にも、高2のときの1回だけです。旧制高校の早稲田高等学院にも落ちています。光文社入社の同期2人は東大、東北大でしたから、私はコンプレックスを抱いたほどです。

しかし私を助けたのは偏差値とは関係のない、女性に関する知識でした。さらに仏教、剣豪、将棋といった、およそ就職試験に無関係の知識は豊富だったのです。これも早々にロシア語をあきらめたことによる時間の余裕が、たっぷりあったからです。

私はこれを「文化値」と密《ひそ》かに名づけて、これからの時代に最重要の知識、と位置づけたのです。

この文化値人間のトップが、戦後に出てきた石原慎太郎であり、裕次郎であり、あるいは大橋巨泉でした。彼らは「遊びこそがこれからの時代の主流になる」と考えたのです。慎太郎、裕次郎の兄弟はヨットに価値を見出し、巨泉はマージャン、ゴルフに、新しい時代の価値を置いたのです。

みんなが一生懸命働いているなかで、彼らは悠々と遊び暮らすうちにバカンス時代が到来し、彼らは一躍《いちやく》、時の人として、遊びが大金を生み出しはじめたのです。

ビリを歩いていても、風が反対に吹きはじめるとトップになる、という好例です。

私も若干、その恩恵を受けています。まじめ一方の人たちには遊びにしか見えないようなことも仕事の延長線上で体験してきましたが、それがいつのまにか、お金を生む知識になっていたのです。

もしかするとあなたは、これらの人々を「幸運」の2文字で片づけるかもしれませんが、そうではありません。

ホリエモンこと堀江貴文氏はＩＴが金の卵であることに、大学在学中に目をつけたのですが、これも文化値の一種だったと思うのです。

偏差値が低いからといって嘆くのは、卑怯《ひきょう》です。そうであるなら、ダンスでもバイクでも風俗でも、自分が得意とする遊びで文化面の知識を増やしておけば、それが助けになることがあるからです。

適職を見つけるポイント

☑

学校の勉強だけでは足りない

第5のルール

「自分」を磨いて運を開く

適職を見つけるポイント

- □群を抜いた存在になる
- □トップになりやすい世界に進む
- □めずらしい体験は高く評価される
- □相手の記憶に残る人間になる
- □自分の考えや欲望を捨てて天に身を任せてみる
- □自分が選んだ仕事が適職になる
- □占いを参考にする
- □あなたにも必ず運がめぐってくる

学問と知識の幅を広げる

学生だったら、学問を学ぶのが本分です。しかし残念ながら、それだけでは十分とはなりません。

私が大学に入った頃は、男子の大学進学率が9パーセントという少数で、女子も加えれば、同年齢のなかの4、5パーセントしか大学に進めないという、少数精鋭の恵まれたクラスでした。だから将来、社会のリーダーになるために、専攻の学問を真剣に学ばなくてはならない立場だった、といえるかもしれません。

ところがいまは、男女総数の50パーセント以上が大学に進学する時代です。

数年先には、大学全入時代になるようですから、大学の位置づけが大きく変わって当然です。

そこで専攻の学問に熱中する学生は、総数の5パーセント以内でいいと思うのです。

大学院を出ても、仕事のない人が約1万人いるといわれています。

つまり博士になっても大学の教授になれないというのは、大学そのものが大衆化した結果、博士号など持たなくても、学生の欲しがる知識や情報を教えられる人々が増えてきた、ということです。

ときには博士より、企業の研究員のほうが、役に立つ知識を与えられるのです。

私はいまの産学連携時代には、できるだけ多くの人とつき合う「生きた学問」をマスターすべきだと思います。

一例をあげれば、まったく無名の地方大学の学生が優良企業に就職するとき、かりに成績がオールAであっても、ほとんど効果はありません。「大学がAの安売りをしている」と思われるからです。

そんなとき、同じ大学から、県や有力企業につながる交流会に、在学中から出席していた学生が受験したとすると、当然こちらに採用側の目が向くはずです。質問もいろいろ飛ぶことでしょう。

私と同期で光文社に入社した藤岡俊夫という仲間は、東北大学2年から、仙台市の書店まわりをして売れ行きを調査し、光文社の面接のときには販売担当役員も驚くほど、現地の書店の社長や店長たちと仲良くなっていました。

これでは、ただ「御社の本が好きです」といっただけの受験生が束になってかかっても敵《かな》いません。藤岡君の合格は当然というより、面接当日に、将来の販売担当役員が誕生した、というほうが正しいでしょう。

実際、藤岡君はその通りの道を歩み、最後は祥伝社の社長になりましたが、学ぶものさえ間違えなければ、群を抜いた存在になれるのです。

前でも書いた通り、私は東京外国語大学のロシア語学科に入りましたが、自分ではいくらか外国語の才能があると思っていました。ところが、なんと入学初日の授業で「これは敵わない」と白旗を掲《かか》げてしまったのです。

天下は広い。「語学の天才はこんなにも大勢いるのか」と愕然《がくぜん》としたものです。しかしかえってそれが幸いして、学生時代の4年間は小説を読み、書いて過ごしたのでした。これにより学外の大人と交流も深くなり、他の学生よりも勉強の幅が広くなっていたのが、認められたのでしょう。

ちなみにロシア語を学んでいて、これだけ時代小説と恋愛小説にくわしい学生はめずらしい、というのが光文社の役員たちの私の評価でした。

学生時代に学ぶものは、むしろ「幅」だと思います。

人間的な幅、交流の幅、趣味の幅、学問と知識の幅を広げることが、適職に出会う近道です。

適職を見つけるポイント

☑ 群を抜いた存在になる

志望者の少ない仕事にチャンスがある

私の学生時代は大変な就職難でした。大学でロシア語を専攻した仲間たちは、左翼学生と見られて、就職できるかなと仲間と話し合っていたほどです。

私たちと同期で、タイ語（当時はシャム語）には10人入学したのですが、4年になると、なんと2人しか残りませんでした。

外語大は国立のため、私立大学のようにかわいそうだから引き上げてやるか、ということはなく、結構厳しかったのです。

とくに第2、第3外国語まで学ばなければならず、他の学科は少々できなくても、「外語大の卒業生の外国語の実力はそんなものか！」といわれないために、最低点をクリアできない学生は、容赦《ようしゃ》なく落とされていきました。

タイ語の学生も、そんなわけでたった2人という、びっくりするような人数になってしまったのですが、就職率は100パーセントに決まっています。外務省から商社その他、引っぱりダコだったからです。

そのうえ教授から助手まで、たしか5人がかりで2人の学生を指導したのですから、個人教授を受けたようなものです。

たぶん、入学のときの倍率も、それほどではなかったと思うのですが、志望者の少ない学科ほど、有利であることを、身に染みて知ったのです。

現在、大学、専門学校の総数を合計するとどのくらいになるかわかりませんが、ふつう総合大学を維持するには、1万人の学生が必要、といわれています。ここがポイントです。

大学当局は、自分の大学の卒業生が単年で、どのくらい社会に必要なのか？　を考えているのではなく、大学を維持するために、学生数をやたら増やす、という点です。これでは、大学のために入学金と授業料を払っているようなものではありませんか？

逆に考えれば少人数教育を実行する学部、学科にこそ価値があります。

たとえば豊田工業大学は、工学部の単科大学で1学年およそ90名です。

おまけに学部1年次は、全寮制で過ごします。

教員1人当たりの学生数は10・5人。私立の平均実態は、100人以上ともいわれており、雲泥の差であることがわかるでしょう。

なにもこの大学を選べ、というのではありませんが、こういう大学であれば、就職もトップ企業に行けることは、ほぼ間違いありません。

最近は会津大学がクローズアップされています。

世界大学ランキング（日本版）でも上位です。全国の大学のなかには、無名でもこういったところもあるのです。

また後継者の少ない仕事、伝統的仕事などをさがして、大学でその方面の勉強をするか、それとも早いうちに弟子入りする手もあります。

花火師で成功した女性もいますし、新しい農業で自活の道を進む方法もあります。

語学でも、英語は少しくらいできても当たり前ですが、少ない民族の言葉をしゃべれるなら、たちどころに求人が来ることでしょう。

適職を見つけるポイント

☑ トップになりやすい世界に進む

異質の空間に身を置いてみる

これは企業の人事部の人の話ですが、学生時代の4年間、家庭教師やコンビニのバイトをしながら卒業したような人たちは、話に面白みがないし、常識的な仕事しかできない、といいます。これが、体育会系の学生を欲しがる一つの理由になっている、ともいっています。

世の中には「〇〇大学体育学部経済学科出身」といって笑わせる学生もいますが、4年間明けても暮れても、午前7時までにコートに行き、テニスをやりつづけたと聞けば、この根性を買わない企業はないでしょう。

それより体育会系は、勝負をしつづけてきたことで、勝ちにこだわる精神が企業に喜ばれるのです。あるいは応援団でも同じです。声の続くかぎり絶叫し、あの重い応援団旗を持ちつづける気迫と根性は、営業部門になくてはならない人材でしょう。

大学といえば「学問の府」でありながら、あえて異質の空間に身を置いたというプラス要素が、高く買われるのです。

それこそ世界中、放浪して歩いても同じですし、かつての小田実の『何でも見てやろう』は世界貧乏旅行記として、大変なベストセラーになったほどです。

私の周りにもオーストラリアにホームステイを繰り返し、旅行会社のツアー・コンダクターになった女性もいますし、変わり種は学生時代に古本屋に勤めて、いまや高値の古本を見つけるセミプロになった男もいます。

またバーのボディガードをしていた男性は、卒業後、警備会社に入社して活躍しています。

どんなことでもいいから、現役中あるいは卒業後に、学園という庭から出て、異質の空間に身を置いた男女は、大体において、うまくいっているような気がします。

大学でいえば工学部、医学部といった、実験や実地授業のある学部以外であれば、相当のひまがあるはずです。

ただ漠然と学校に通うより、どこかに潜り込んでも、そのことに一生懸命になるほうが、断然トクでしょう。

日本代表の応援に加わって、それこそオリンピックやワールドカップの現地に行くくらいのほうが、人間的にも幅が広がるでしょう。

現実に、2006年ドイツで開催されたワールドカップのアジア予選、日本対北朝鮮との一戦がタイ王国で行われたときのこと。北朝鮮に制裁が下されて、観客ゼロの無人の試合でしたが、驚いたことにスタジアム外側に陣取って、太鼓を鳴らして応援している日本人の一団がいました。

彼らはまったく試合経過を見ることができませんし、テレビもないので、一緒に一喜一憂することもできなかったことになります。それでも一心に、太鼓で日本選手を奮い立たせたのです。

私はこういうめずらしい体験、異常な経験をした人を高く買います。なぜなら、自分のやりたいことをやり遂げる、実行力を持っているからです。さらに、やりたいことを自分で見つける力があるだけに、今後が期待できます。もしかすると、いまはいい仕事をしているのではないかと想像しています。

言葉を換えるなら、やりたい仕事を見つけるには、異質の空間に身を置く行動力を、身につけることです。この行動力、実行力さえあれば、必ずやりたい仕事を発見して、成功することでしょう。

適職を見つけるポイント

☑ めずらしい体験は高く評価される

文系は理系の、理系は文系の楽しみを持つ

私はときどき、書斎の本棚の本の位置を大きく変えます。

それによって、見たこともない本が、前面に出てくることもあります。まったく存在を忘れてしまっていた本が突然、目の前に出てくると、とても新鮮です。

これは洋服、ネクタイ、シャツなどでも似たようなもので、思いがけぬ楽しみをもたらします。つまり私たちは、決まりきった生活を送っていると「思いがけない発見」ができない生きものです。

かりに毎日、自分の狭い部屋に閉じこもっていたら、自分を大きくする添加剤に出会うチャンスはなくなります。

添加剤とは外に飛び出すことによって出会うもので、それによって思いがけな

い発想が生まれます。

もっとわかりやすくいえば、毎日地下鉄で出かけているのを、たまに自転車にしてみるだけで、発想が大きく転換するでしょう。

やりたいことが見つからないと嘆いている人は、いつも同じ電車に乗っている、ということなのです。

これを就職と結びつけてみると、文系の人が理系の楽しみを持ったり、理系の人が文系に興味を持つだけで、意外な仕事が浮かび上がってくるといわれます。

本棚のなかを動かすのも、突然、数学や経済学の入門書が、目の前に飛び出てくる効果を狙っています。

これを生きた人間に当てはめれば、文系同士で話すより、文系と理系で話し合うほうが「そんな仕事もあるのか！」と目からウロコの情報が入ってくる可能性が強い、ということです。

理系の学生と話していると、ほとんど小説を読んでいません。「そんなもの読むひまがない」といいますが、ふつう行われる三次までの面接のなかで、ひょいと面接側から、小説の話が出ないともかぎりません。

そんなとき「好きな作家がいる」と答えたら、非常に幅の広い学生として、記憶に残ることでしょう。

文系の学生でも、何かの拍子に「ロボットに興味がある」「プログラミングが趣味だ」と話したら、これも「めずらしい」と思われるはずです。

「自己PR」というと、いかに言葉を選んで、企業側に好感を持ってもらうか、話し方競争のような本が、書店にズラリと並んでいます。

しかし長年、採用側にいた私からすれば、「いわゆる」「というか」「しいていえば」「一生懸命やります」などという言葉を面接時に使ってはいけない、などと気にかけるのは愚の骨頂です。

「どんな表現を使うか」といったって、ふだん使っている言葉は当然出てきます。

うっかりよそ行き言葉を使おうとすれば、そこだけ目立って、すぐ見抜かれるのがオチでしょう。

そんなことより、問題は話の中身です。

趣味や楽しみを広げておけば、自然と会話のなかに出てくるものです。

また楽しみを広げていけば、いつ、どんな人と出会うかもわかりません。幸運は、積極的な人に必ず微笑むのです。

適職を見つけるポイント

☑

相手の記憶に残る人間になる

「運命の出来事」に自分を託してみる

希望通りの仕事や会社が無理だったからといって、そのまま仕事に就かないのでは、その他大勢の人々と一緒になってしまいます。とはいえ、気に染まない仕事はしたくないし、第2、第3志望の職種まで落とすのも、残念でしょう。

こんなときは、思いきって「運命の神」との出会いを心がけることです。というより、運命にからだを預けてしまう、という感じです。

昔の戦国武将や剣豪は、常に死と直面していただけに、自分の考えや欲望を捨てて、大自然に身を任せることが多かったといいます。

とはいえ、一つだけ重大なことは「それに素直に従った」ということです。

上杉謙信はその戦いをすべきかどうかを考えるとき、毘沙門堂《びしゃもんどう》に隠《こも》って天の声を待ったといいます。あるいは柳生兵庫助《やぎゅうひょうごのすけ》という剣豪は、鳥たちのさえずりで、前方に危険が待ち受けているのを察知し、近道をやめて、まわり道に転じたといいます。

多くの人間は、自分自身の判断を正しいと思い、それに寄りかかってしまいますが、一流人ほど、さまざまな事象から決断のヒントを得ます。

森永製菓の前身、森永西洋菓子製造所でキャラメルをつくった森永太一郎は若い頃、何の仕事もないので、単身アメリカに渡り、いまでいうバイト生活をしていました。前途に何の希望もなく、ひまになると公園のベンチで、子どもたちの遊ぶ声を聞きながら、寝ころんでいたのです。

ところがあるとき、突風が吹いて、子どもたちの捨てたキャンディの紙が飛んできて、ペタッと顔に貼りついてしまいました。彼はその紙に包まれていたキャンディが、キャラメルというものであることを知ったのです。

彼はこれを運命、天啓と受けとめて、さっそく日本に帰り、キャラメル工場をつくったのでした。

五味康祐《ごみやすすけ》という、大阪出身で作家志望の青年がいました。早稲田大学を中退し、定職に就かず、何もすることもなくブラブラしていました。生活費は賭けマージャンで稼いでいました。

そんなある年の12月24日、街に「ジングルベル」の歌が流れている夕方、彼は東京・神田のとあるレコード店から流れる曲に、足をとめたのです。

寒風の吹き抜ける店先で、コートもない青年が、じっと耳を傾けている姿に不審を抱いた主人が「なかに入りなさい」と招いたのです。

このとき彼が聴いていた曲はヴィヴァルディの「ヴィオラ・ダ・モーレ」ですが、実は彼はこの曲から、『喪神《そうしん》』と名づけた短篇時代小説の筋がひらめいたと、私にいっています。この小説が松本清張の『或る「小倉日記」伝』と芥川賞を同時受賞したのです。まさに運命の曲に、自分の人生を託したのです。

コンラッド・ヒルトンは世界のホテル王ですが、もともとは銀行家になりたくて、まず５０００ドルを貯めました。そのお金で、テキサス州の石油発掘ブームに乗り、一儲けしようと現地に出かけていきました。

ところが現地のホテルは超満員で、石油もブームですが、ホテルもブームだったのです。彼は場末のホテルのベッドでそのことを考え、石油投資をやめて、ホテルを買収しようと一晩で決意したのです。これも運命に乗った一例でしょう。

つけ加えるなら、彼は最初に中古ホテルの入札に加わる前の晩、突然ある数字がひらめきました。その数字を信じて彼は入札したのですが、なんと次点の入札者と、たった２００ドル違いで、そのホテルを買い取ることができたのです。

これによって彼は、ホテル業が自分の天職であることを信じたのでした。

私たちでも、乗りたい電車や飛行機に乗れなかった、という経験があります。しかし乗れなかったがゆえに、幸運をつかむ人もいるのです。

適職を見つけるポイント

☑

自分の考えや欲望を捨てて天に身を任せてみる

「運の強さ」で仕事を適職に変える

私の長年のビジネス生活から思い返すと、運の強い人は、それこそどの職業でもうまくいっています。

適職がわかったからといって、その適職に携われるとはかぎりません。その年の応募者が多くて、最後の最後でハネられた、という人もいるからです。

ところが運の強い人は、どういうわけか、ビリでも有名校に入れたり、入社試験でも、偶然、社長とトイレで一緒になって、声をかけられたりと、どこまでも幸運が続くのです。

私の友人に億万長者がいますが、これは若い頃まったく無名の会社に入って、のちにその会社が上場した、という幸運によるものです。

どんな会社でも、一番欲しがる人材は「運の強い人」です。松下幸之助もいっていたくらいですから、これだけは間違いないでしょう。

なぜ運の強い人は、適職を選ばなくてもいいか、というと、自分が選んだものが、適職となってしまうからです。あるいは、どこのどんな会社や仕事をしていても、名前が知られるから、ともいえます。

あるいはまた、入った職場に、自分と同じ専門家が１人もいなかった、という幸運にも恵まれるのです。

私は長年、雑誌の編集長をつとめてきましたが、私自身も強運だったし、さらに常に運のいい人間を部下に抜擢してきました。

この方法は別の本にも書きましたが、現場にいた頃、私は毎日、出社前に、１００円玉を取り出し、10回空中に投げて手の平で受け、裏か表かを当てたものです。

不思議なもので、運が強いときは「表を出すぞ」と心に念じると、その通りになるもので、反対に運が弱まってくると、なかなか思うようにはなりません。
そこで――

❶10枚中6枚以上が表になった日は、自分の意思を通す
❷10枚中5枚が表なら、部下と合議で決める
❸10枚中4枚以下しか表にならなければ、部下の考えを優先させる

基本的にこの方法で、決断を下すようにしていったのです。

もちろん部下には、そんな100円玉の丁半でその日の判断方法を決めているなど、明かしたことはありませんが。

あなたも、いくら考えても結論が出なかったり、決心がつかないことがあると思うのです。同じような条件の会社に合格したときもそうですが、こんなときは、自分の強運を信じて、自分なりの決断方法を持つといいと思います。

世の中には、頭脳優秀な経営者が大勢いると思うでしょうが、実は、孤独な決断のできる人は、そう多くはいないのです。なぜなら、頭脳と勇気はまったく別物だからです。

人間の力では、判断できないことがあっても、少しも恥ずかしくありません。ただし、ふだんから運命というものを深く考えている必要があるのです。

できれば、自分の足で行動する、けっして逃げない、人に好かれる元気な語勢を使うなど、運を強める生活を日頃から工夫していきましょう。

適職を見つけるポイント

☑

自分が選んだ仕事が適職になる

星の指し示した方向に、歩むべき進路が広がっている

運とか占いには興味がないという人もいるかもしれませんが、「適職」について考えるとき、星は無関係とは思えません。

私の周りの成功者を調べても、本人が気がつかないうちに、自分の生年月日につく星に合った分野で業績を上げています。

この星の見方は、職業と直接結びつけて考えないことが大切です。なぜなら古くから伝わっている占いでは、職業の種類そのものが少なく、いまの時代にまったく合わないからです。

しかし生年月日に示された本人の性格は、ある程度というか、ほとんど当たっているだけに、その指し示す方向に進んで、間違いありません。

ちなみに、わかりやすく私自身を考えると――

【九星術】
六白金星……施《ほどこ》す、成就する、健《すこ》やか、戦う、多忙、充実

【算命学】
車騎星……戦い、攻撃本能、スピーディ、バイタリティー、短気、正直

【西洋占星術】
魚座……美術、音楽、心理、神秘、女性的なものに強い興味を抱く

こういった傾向が出てきます。これはどの専門書にも出ていますから、信じていいでしょう。

この星の占いを、私自身の趣味と経歴に重ね合わせてみると――

（1）長年、マスコミの世界で多忙な日々だった。87歳の現在でも、毎朝3時まで仕事をしている
（2）もっとも忙しく、はげしい職場の週刊誌編集長として成功した
（3）運命ものの本、男女の心理に関する本を主として書いている。宗教への関心も強い
（4）絵画、書、音楽、陶磁器などへの愛着が強い

いかがでしょうか？　3つの星の指し示した方向に、私自身、長年歩いてきている、と思いませんか？

実は占いには、まださまざまな分野がありますが、どれを見てもほぼ一致しています。未《ひつじ》年生まれは紙に関係するとも出ていますが、それこそ私の一生は、十二支通り、紙と一緒にあったようなものです。

私が最初に出版界をめざしたのは、偶然ではありません。必然なのです。

私はたまたま10代から占いに興味を抱いた関係上、それに惹かれるかたちで、語学、文学の世界、出版の世界、さらには女性ものの仕事へ飛び込みましたが、それは偶然ではなく、必然的な行路だったのです。

あなたも適職がわからないという場合は、星に問いかけるつもりで、占い書、運命書をめくってみるといいでしょう。あなたが歩む必然の道が見えてくるかもしれません。

実際、いまでも政治家や経営者には、易者の家に密かに通っている人が多いのです。

私自身も編集長時代、占い師の方に見てもらっていた経験があります。いまでは占うほうにまわって、個人セッションを頼まれることもあります。

占いのいいところは、本人にとっては思いもかけなかった視点が示されることです。自分の進むべき道が見えなくなったら、占いに頼るのも一つの手です。

適職を見つけるポイント

☑

占いを参考にする

勝負強さを身につけて、運を引き寄せる

この世の中は、思いがけず、他人の引きが多いものです。

もしあなたがいまの仕事に嫌気がさしていても、それを表に出さないことです。

能力が不足していても、それを口にしないこと。

すると、人間はその人生で3回、運がめぐってくるといわれます。

その3回はいずれも、他人の引きです。

もちろん、いつめぐってくるかはわかりませんが、その運は他人から舞い込むものだと信じましょう。

このとき、他人に勝る「何か」を持っていれば最高です。

しかし若いうちに、そんな優れたものを持てるはずはありません。そこで勝負

事で強くなりましょう。

経営者は本音のところでは、新入社員の能力など、二の次なのです。

経営者が能力を重視するのは、人事関係や現場の役職者です。

とくに自分と同じ能力を持っている部下を非常に警戒し、ときには遠ざけられます。このことを、しっかり覚えてください。

ワンマンとして長期政権を握っている経営者は、必ずナンバー2を何人も切っています。

その代わり、運の強い人間を、自分の周りに置くことが多いものです。この強運な部下は、いつか何かのときに使い途《みち》があるからです。

意外だと思いませんか？　それこそ車の運転手から秘書まで、運の強い人が選ばれるのです。

そこであなたも勝負事で、強連なところを吹聴しておくことです。

ただし、競馬、パチンコで強運といった類いのものは不可。のめり込む危険性があるからです。

またお金の損得と直結していてはいけません。会社のお金を持ち出すかもしれないと誤解を与えるからです。

とくに碁、将棋、マージャン、ポーカー、ゴルフ、剣道、柔道など、すべて頭脳を使った勝負事に強い人間は、必ず運がめぐってきます。なぜなら、これらは経営者層も楽しむものだからです。

私は東京・下町に生まれ育ったため、縁台将棋を小さい頃からやらされていました。夕方になると、おじいさんたちが教えてくれたのです。

これにより実力は素人4段になり、社会に出てから、何十人という有名人と、勝負できるところまで強くなれたのです。これで若いにもかかわらず、社会的に地位の高い人たちに可愛がられるようになったのです。

つまり、社会の上層部の人々が楽しんでいる勝負事は、縁をつくる有力なツールといっていいでしょう。

水泳は勝負事といえませんが、これをマスターするのも、うまい方法です。政財界の人々は、ホテルやスポーツクラブの会員制プールに、ときどきやってきます。私の知人は、ここで政界の大物と知り合い、名前を覚えられました。秘書にならないか、と誘われたのですが、彼には別の考えがあって結局断ったようです。

このように能力と何の関係もないところで、信じられないようなチャンスは発生するものです。

「能力がない」といっているだけでは、自分で自分を小さく評価してしまいます。仕事では、ときに「抜擢」されることがあります。

それこそチャンス到来ですが、ふだんから「チャンスが欲しい」「もっとチャンスに恵まれたい」と思っている人でも、実際にその機会がまわってくると、案外、そこから逃げてしまう人が少なくありません。

とくに女性はその傾向が強いのです。控えめであることが美徳とされている日本の残念な慣習といってもいいかもしれません。

ビジネスにおいては、前に出たほうが絶対に得です。

チャンスはチャンスとして、しがみついてでも、つかみとることです。

そのためにも、一つでも人に勝る勝負事をマスターしておくと、人間的にも幅が広くなり、自信が持てます。

この自信が、あなたに幸運を招くのです。

適職を見つけるポイント

☑

あなたにも必ず運がめぐってくる

[著者プロフィール]

櫻井秀勲　さくらい・ひでのり

1931年、東京生まれ。東京外国語大学を卒業後、光文社に入社。

遠藤周作、川端康成、三島由紀夫、松本清張など歴史に名を残す作家と親交を持った。31歳で女性誌「女性自身」の編集長に抜擢され、毎週100万部発行の人気週刊誌に育て上げた。

55歳で独立したのを機に、『女がわからないでメシが食えるか』で作家デビュー。以来、『運命は35歳で決まる』『人脈につながるマナーの常識』『今夜から！口説き大王』など著作は200冊を超える。

Kizuna Pocket Edition

「適職」に出会う5つのルール

——自分に合う仕事に就くことで、人生は開ける！

2017年11月1日　初版第1刷発行

著　者　櫻井秀勲
発行者　岡村季子
発行所　きずな出版
東京都新宿区白銀町1-13
〒162-0816
電話03-3260-0391
振替00160-2-633551
http://www.kizuna-pub.jp/
編集協力　ウーマンウエーブ
ブックデザイン　福田和雄（FUKUDA DESIGN）
印刷・製本　モリモト印刷

ISBN978-4-86663-013-7

きずな出版

Kizuna Pocket Edition

心の壁の壊し方

永松茂久

「できない」が「できる」に変わる3つのルール
居酒屋経営や「人財」育成事業を通して
多くの人が新しい自分に生まれ変わる後押しをしてきた著者が
実体験をもとに熱いエールとともに伝授する

ビジネスに役立つ 超絶！口説きの技術

櫻井秀勲

「口説き」は相手を動かす最高のビジネス・コミュニケーション！
まずは、自分の存在を相手に知ってもらい
そして信頼に足る人物だということをわかってもらうこと
相手が女性でも上司でも取引先の担当者でも
関係を深めていくプロセスは変わらない

時間を使う人、時間に使われる人

夏川賀央

10人の成功者に学ぶ人生を変える技術
「忙しくて時間がない」「本当にやりたいことがやれない」
そんな悩みを解決する、時間管理術を凝縮！
時間に追われない人生を手に入れるためのノウハウを学ぶ！

各1300円（税別）

書籍の感想、著者へのメッセージは以下のアドレスにお寄せください
E-mail：39@kizuna-pub.jp

http://www.kizuna-pub.jp